Mᵐᵉ Augusta Moll-Weiss

Le
Foyer Domestique

Librairie Hachette et Cᵗᵉ

LE
FOYER DOMESTIQUE

Mᵐᵉ AUGUSTA MOLL-WEISS

LE
FOYER DOMESTIQUE

COURS D'ÉCONOMIE DOMESTIQUE D'HYGIÈNE ET DE CUISINE PRATIQUE

PROFESSÉ A L'ÉCOLE DES MÈRES DE BORDEAUX

Ouvrage couronné par l'Académie Française

La vie humble aux travaux ennuyeux et faciles
Est une œuvre de choix qui veut beaucoup d'amour

(VERLAINE)

DEUXIÈME ÉDITION

PARIS
LIBRAIRIE HACHETTE ET Cⁱᵉ
79, BOULEVARD SAINT-GERMAIN, 79

1905

PRÉFACE
DE LA DEUXIÈME ÉDITION

Il y a plusieurs années, un baptême original eut lieu à l'École libre et gratuite d'Économie domestique et d'hygiène de Bordeaux. Une poupée neuve, destinée à servir de mannequin pour l'emmaillotage des bébés et de démonstration pour les soins aux tout petits, fut accueillie joyeusement et fêtée en grande pompe. Mme Moll-Weiss me fit l'honneur, malgré mon éloignement de Bordeaux, de m'associer comme parrain à cette suggestive et symbolique cérémonie.

En lisant et en parcourant avec le plus vif intérêt les leçons professées à Bordeaux par Mme Moll-Weiss et réunies dans un livre instructif, en suivant à Paris ses persévérants et habiles efforts pour la fondation de l'École des Mères, le souvenir de la gente poupée, ma filleule Paulette France, redoublerait, s'il était possible, mes sympathies pour une œuvre de rénovation pédagogique à laquelle vont, de longue date, mes plus profondes et plus chaleureuses sympathies.

La cause de l'enseignement ménager et de l'instruction maternelle est aujourd'hui gagnée dans l'opinion publique, en théorie seulement; elle se heurte encore en fait à plus d'une routine, à plus d'un préjugé, voire même à de nombreuses difficultés. Ces insuffisances et ces lacunes de l'instruction domestique des jeunes filles dureront, à mon avis, tant que cette branche de connaissances humaines ne fera point partie intégrante du programme scolaire. Le Congrès de l'enseignement primaire de 1900, présidé par l'éminent et regretté M. Gréard, admirable juge en la matière, a voté, sur mon rapport, une résolution de principe qu'il ne faut pas se lasser de reproduire et de rappeler : « L'enseignement de l'économie domestique et des devoirs du ménage doit être obligatoire à tous les degrés de l'enseignement primaire ».

L'évocation de ma filleule, la poupée Paulette, vient à point pour rassurer ceux et celles que pourrait effrayer l'éventualité d'une surcharge ennuyeuse du programme des classes. Il y a place, dans l'apprentissage domestique, pour les jeux du ménage. Les récréations, elles-mêmes, discrètement dirigées, accoutumeront les mignonnes fillettes, sans qu'elles s'en doutent, aux habitudes d'ordre, d'adresse et de propreté.

L'École des Mères n'est pas nécessairement austère; elle a ses plaisirs, ses amusements et aussi ses gourmandises. Le modeste goûter des petites cuisinières a son charme et ses attraits pour des estomacs de douze ans.

L'essentiel est de ne pas ennuyer, de ne pas rebuter les élèves, de leur inspirer le goût de ces notions et de ces applications culinaires. C'est parce que Mme Moll-Weiss a la bonne méthode, parce qu'elle a le feu sacré de l'apostolat, que, du premier coup, la mère avisée qu'elle est a pris rang parmi les ouvrières de la première heure, parmi les promotrices les plus zélées et les plus intelligentes de cette éducation féminine pratique dont les humbles commencements présagent et préparent la consolidation et le développement du foyer domestique.

Paul Strauss.

PRÉFACE

A Bordeaux, comme généralement dans les villes surtout commerçantes, l'initiative privée est entreprenante et tenace ; elle a fondé, notamment pour concourir à l'instruction populaire, des œuvres admirables. Parmi toutes, l'École ménagère établie par Mme Weiss, dans une salle de l'Athénée, mérite d'attirer et de retenir l'attention.

Mme Moll-Weiss indique ici même, en quelques pages, comment cette école est née et comment elle vit. Mais cé qu'elle ne saurait dire et ce qu'il est juste de rappeler, c'est que, si l'École ménagère a triomphé de l'indifférence qui accueille trop souvent les œuvres d'intérêt général, c'est grâce à l'activité incessante et au constant dévouement de sa fondatrice.

Tout permet d'ailleurs d'espérer que l'École a désormais l'avenir assuré : c'est qu'on la juge dès maintenant par ses résultats et ses résultats sont excellents. Toutes les fillettes des cours supérieurs des écoles primaires de la Ville de Bordeaux qui ont suivi régulièrement ses cours ont emporté avec d'utiles connaissances pratiques, le vif souvenir des agréables après-midi passés dans la cuisine de l'Athénée à faire œuvre de ménagères et à entendre de claires et attrayantes leçons. Les anciennes élèves de l'École travaillent, avec ardeur, au recrutemen des nouvelles.

Ces nouvelles venues ont, sans doute, reçu déjà de bonnes leçons d'économie domestique à l'école primaire. Mais il est des idées justes qu'on ne saurait trop souvent exposer à des enfants, et Mme Moll-Weiss a établi comme une sorte de cours complémentaire de la vie ménagère. Elle reprend et développe des notions déjà familières à ses élèves et cette nouvelle et plus complète leçon élargit, fortifie et fixe plus profondément dans l'esprit l'enseignement déjà reçu.

Ce complément d'éducation domestique est loin d'être inutile. Quiconque a vécu et observé sait combien les idées nettes et exactes pénètrent lentement dans la pratique courante. Il faut être reconnaissant à tous ceux qui s'imposent volontairement la tâche de travailler à répandre autour d'eux un sens plus réfléchi de la vie pratique, à préparer des ménagères qui prennent goût à la vie du foyer domestique et sachent y intéresser et y retenir tous les leurs. Par là s'étend singulièrement l'Œuvre de l'École ménagère, et Mme Moll-Weiss fait à Bordeaux à la fois une œuvre utile et une bonne action. Le présent livre, écrit avec aisance et clarté, en sera pour tous le sûr et vivant témoignage.

E. DURAND,
Inspecteur d'Académie de la Gironde.

ÉCOLE LIBRE ET GRATUITE
D'ÉCONOMIE DOMESTIQUE ET D'HYGIÈNE[1].
DE BORDEAUX

Les éducateurs qui jugent l'enseignement pratique de la jeune fille une chose utile entre toutes, et qui par contre-coup s'intéressent à notre école, m'ont demandé maintes fois de leur faire connaître exactement sa genèse, son fonctionnement, les résultats auxquels elle arrive, afin de répandre ces notions et de créer d'autres cours à l'instar des nôtres partout où cela pourrait se faire. Je crois le plus simple de reproduire ici un article que j'ai publié sur notre école (un an après sa fondation) dans la *Revue philanthropique* du 10 décembre 1898. Il portait comme suscription : *De l'Éducation altruiste de la femme.*

J'adore les enfants et je traverse souvent le Jardin des Plantes de notre ville pour en voir beaucoup. C'est là qu'ils prennent leurs ébats, là qu'on peut le mieux les observer. Il y a quelques années, je suivais l'allée principale, c'était l'après-midi; il avait plu la veille, il avait plu dans la matinée et le feuillage jauni, mais encore touffu, des arbres qui bordent cette allée, ne permettait pas aux rayons d'un pâle soleil d'octobre d'évaporer rapidement toute l'humidité qui s'y était accumulée; elle montait en brume légère, un peu irisée par les rayons solaires, mais pâle et froide. Sur un banc j'avisai une

1. Depuis que ces lignes ont été écrites, l'École a pris le nom d' « École des Mères ».

grosse nourrice en superbe toilette qui lisait; à côté
d'elle dormait un enfant de trois à quatre ans, une de
ses petites jambes repliée sous le corps, la figure pâlie
par le froid. Je continuai ma route; arrivée à l'extrémité
de l'allée, je me retournai, rien n'avait changé : la nourrice lisait, l'enfant de plus en plus pâle dormait. Que
sera-t-il advenu de cet enfant ainsi endormi sous l'ombre
froide et humide de l'allée? Il avait couru, il avait eu
chaud; toutes les mères frémiront en pensant aux conséquences possibles de cette négligence. Encore si cette
femme avait pris l'enfant sur ses genoux, la chaleur de
son corps épais eût suffi à empêcher un refroidissement
trop grand du corps du petit être. Mais y songeait-elle
seulement[1]?

Et le nombre des faits de ce genre, que j'ai eu l'occasion d'observer et qui témoignent tant de l'ignorance et
de l'insouciance des nourrices que de l'inconséquence
des mères, est multitude. Pauvres enfants de riches, si
enviés, que de misère morale, que d'abandons véritables
malgré leurs dentelles et leurs panaches! Mais n'est-il
pas probable que si les jeunes mères étaient mieux
instruites de leurs devoirs, si elles savaient la fragilité de
ces petits êtres, elles ne pourraient ainsi les laisser à
l'abandon? La cause initiale de leur légèreté, c'est leur
ignorance. Elles ont suivi des cours de littérature et
d'histoire, elles dessinent, chantent et valsent, qui donc
s'est jamais donné la peine de leur faire connaître l'enfant, l'être qui naîtra d'elles et dont elles seront les édu-
catrices naturelles? Ce que Spencer nous dit dans son

____

1. Combien de fois, en pensant à ce fait et à d'autres encore,
n'ai-je regretté qu'il n'existât pas entre les mères une sorte de
ligue protectrice leur permettant d'aller au secours des enfants
qu'elles voient ainsi abandonnés ou mal soignés. — Il existe bien
une société protectrice des animaux!

Livre de l'*Éducation* est la vérité même : « Si par aventure aucun vestige de notre civilisation qu'un tas de nos livres classiques, ou bien une liasse de nos compositions de collège, n'arrivait à la postérité, représentons-nous l'étonnement d'un antiquaire de l'avenir en voyant que rien n'indique, dans ces papiers et dans ces livres, que les élèves qui s'en servaient dussent jamais avoir d'enfants. Bon, dirait-il, ce devait être un cours d'études pour les célibataires ou le *cours d'étude d'un de leurs ordres monastiques*[1]. »

N'ai-je pas vu des enfants enveloppés de manteaux de peluche et de fourrures, avec des têtes sales, couvertes de gourmes ; les mères interrogées à ce sujet me répondant, tout comme auraient pu le faire des femmes du peuple : « Sans doute, c'est laid, mais c'est la santé des enfants ! »

Des mères, laissant mourir leurs enfants d'inanition, quand l'or répandu à flots autour d'elles faisait déborder jusque parmi les débris jetés au ruisseau le trop-plein des victuailles entassées dans la maison ; cela pourquoi ? parce qu'elles ignoraient que la balance est l'ustensile le plus nécessaire à la mère qui veut se rendre vraiment compte de l'état de son enfant.

Et cette incurie existe dans toutes les classes de la société : on nous dit qu'en France les naissances sont en trop petit nombre ; si l'on savait conserver à la vie ceux qui viennent ; si une fois nés on savait les diriger moralement et physiquement ainsi qu'il convient de le faire, notre nation serait loin d'être une des moins considérables. Que d'enfants faibles, rachitiques, scrofuleux ou

1. H Spencer, *De l'Éducation*, Bibliothèque utile, p. 27.

tuberculeux, j'ai vus dans nos cliniques, alors que leurs
parents étaient bien portants! On les soigne, on les guérit à moitié, n'aurait-il pas mieux valu qu'ils ne fussent
pas tombés malades? De quelle pitié profonde n'est-on
pas ému lorsqu'on pense qu'il eût suffi d'un peu de
lumière, d'un peu d'air et d'une alimentation appropriée
pour en faire des êtres robustes! Ne semble-t-il pas que
notre société, en ceci comme en tant d'autres points, ait
compris la charité à rebours : chercher à réparer le mal
qui existe, c'est bien ; mais combien plus intelligente me
paraîtrait une charité cherchant à éviter, à prévenir la
maladie, une charité d'*attaque*, si je puis m'exprimer
ainsi, plutôt qu'une charité de *défense*.

Pauvres chers petits êtres, comme j'aurais voulu les
presser tous contre mon cœur, leur donnant, avec une
chaude affection, les biens essentiels aux tout petits. Ce
rêve irréalisable me conduisit à une idée plus pratique
tout en étant très simple : du haut en bas de l'échelle
sociale, j'avais pu constater la même négligence due à la
même ignorance; il fallait donc du haut en bas de la
société établir la même ligne de défense. Puisque la
cause du mal est dans l'ignorance des mères, c'est à cette
ignorance qu'il faut s'attaquer; il faut la combattre en
s'adressant aux mères sans doute, mais surtout en s'adressant aux jeunes filles, aux futures mères. En effet, vouloir instruire les femmes déjà faites, c'est trouver devant
soi un double obstacle : le manque de temps et la présence de préjugés nombreux. La jeune fille, si près de
l'enfance encore, mais si près aussi d'être femme, accep-
tera plus facilement, sous l'impression de souvenirs tout
récents, les conseils donnés pour l'avenir.

Que ce soit là un enseignement prématuré, j'en doute;
dans le peuple, la jeune fille de douze à quatorze ans, au

sortir de l'école, devient la véritable mère, la gardienne du foyer, la berceuse d'enfants, la cuisinière attitrée. Dans les familles riches, les jeunes filles qui sortent de pension ont de seize à dix-huit ans; l'année suivante elles vont dans le monde, puis elles se marient. Employer quelques heures de cette année où elles devront faire connaissance avec la vie telle qu'elle est, après avoir vécu si longtemps d'une existence factice, à leur enseigner la direction de l'intérieur, et les soins aux tout petits, me semble assez logique. On m'objectera qu'il ne faut pas entretenir les jeunes filles de ces sortes de choses. Pourquoi? Toutes seules, alors qu'elles bercent leurs poupées dans leurs bras, ne s'exercent-elles pas plus ou moins maladroitement à leurs fonctions futures? La nature ne semble-t-elle pas nous donner elle-même une indication et nous inviter à compléter, par les conseils que nous devons à l'expérience, l'ébauche qu'elle a ainsi commencée?

Il n'en est pas moins vrai cependant que si j'avais annoncé un cours de soins à donner aux tout petits, peu de mères m'eussent amené leurs filles. Il existe en France une foule de convenances mondaines, devant lesquelles on s'incline d'autant plus profondément qu'elles n'ont pas de raison d'être véritable, il fallait faire passer cet enseignement nouveau, si utile sous tous les rapports, comme corollaire d'un théorème plus acceptable

*
* *

En novembre 1897 je fondai donc des *Cours complémentaires* pour les jeunes filles du monde. Ces cours, ainsi que leur nom l'indique, sont destinés à compléter l'éducation des jeunes filles, à leur apprendre, après beaucoup d'autres choses plus ou moins utiles, celles qui leur sont indispensables si elles veulent devenir plus tard des femmes, des mères dignes de ce nom ; mon programme comprenait l'économie domestique, l'hygiène, la cuisine, les soins aux enfants, aux malades ; des cours de coupe, de modes, de repassage, etc., et se proposait, en un mot, une éducation pratique et *altruiste* pour compléter l'éducation théorique et *personnelle* déjà reçue.

Je cherchai à tirer tout le parti possible des connaissances que mes jeunes élèves possédaient déjà, en les appliquant aux choses de la vie. Je leur démontrai la nécessité de la division dans le travail tant pour la société humaine que pour les colonies animales. Leurs études de physique me servirent à leur faire comprendre l'hygiène de l'habitation et de l'individu ; grâce à leurs connaissances chimiques elles se rendirent mieux compte des nécessités alimentaires ; leur habileté naturelle et leurs dons d'observation se développèrent en faisant des expériences culinaires.

Toutes avaient plus ou moins étudié la physiologie animale ; j'en profitai pour leur mieux expliquer les soins à donner aux tout petits. Au lieu de leur parler en oracle, je leur fis comprendre pour quelles raisons le jeune enfant ne doit boire que du lait ; quelles raisons nous obligent à surveiller d'une façon particulière l'évolution dentaire ; pourquoi il ne faut pas faire marcher trop tôt les enfants, etc. Elles apprirent à emmailloter un bébé, elles préparèrent du lait stérilisé, elles cuisinèrent de petites soupes ; toutes étaient ravies de cet enseignement qui semblait les relever dans leur propre estime, et les mères, soit après un cours théorique, soit après des expériences pratiques, me disaient : « Ah ! si on nous avait donné de semblables leçons, que d'écoles on nous aurait épargnées ! » En voyant le désir d'apprendre et de savoir que témoignaient mes jeunes filles, en constatant leurs naïves maladresses, leur complète ignorance des choses qui dans une année ou deux formeraient leurs occupations et leurs préoccupations capitales, je ne pouvais que me féliciter de l'essai tenté !

Mais il fallait trouver un moyen pour donner aussi cet enseignement aux filles du peuple ; pour elles il était encore plus important que pour les autres. Malheureusement, je ne pouvais agir seule. Je m'adressai à la ville de Bordeaux et lui proposai de créer des cours dans ses écoles ; sa générosité intelligente est grande, mais le budget dont elle dispose est restreint et l'oblige à limiter ses dépenses ; cependant elle accorda une des salles de l'Athénée et elle fit l'installation de ce local[1]. Restait à couvrir les frais généraux. Je m'adressai à tous mes amis, aux amis de mes amis, nous réunîmes ainsi 78 adhésions qui donnèrent 235 francs. On élut un comité de dames patronnesses, un conseil d'administration[2] ; l'Académie de Bordeaux nous prêta son bienveillant concours ; *l'École libre et gratuite d'économie domestique et d'hygiène* était créée !

1. Plus tard, la ville de Bordeaux a couvert en grande partie nos frais généraux, nous lui en exprimons ici notre sincère reconnaissance.
2. *Président*, M. Bizos, recteur de l'Académie de Bordeaux ; *Vice-Présidents*, M. Durand, inspecteur d'Académie ; M. Grangeneuve, licencié en droit ; *Secrétaire-Trésorier*, M. le Dr de Coquet ; *Membres du comité*, M. Baysselance, ancien maire de Bordeaux, officier de la Légion d'honneur ; M. Pierre de Pelleport ; M. le Dr Bergonié ; M. le Dr Masse, professeur à la Faculté ; M. Besnard, officier de marine ; M. Didier, docteur en droit ; M. H. Gounouilhou ; M. Avril, ingénieur civil ; M. le Dr Peytoureau, conseiller général ; M. Léon Adrien, avocat à la Cour ; M. Élie Bernet ; M. Mestrezat.

Nous adressâmes une invitation aux directrices de toutes les écoles gratuites, sans distinction de culte, leur demandant de nous envoyer chaque jeudi les douze meilleures élèves de leur cours supérieur. Les enfants pouvaient venir seules, ou accompagnées de leurs maîtresses ou de leurs mères. J'ai vu sur les bancs de notre modeste école les grandes coiffes blanches des religieuses frôler les sévères chapeaux des maîtresses d'école protestantes et j'en ai éprouvé une joie profonde. Le 15 décembre 1898, notre école ouvrait ses portes et chaque jeudi de deux heures et demie à quatre heures les cours ont eu lieu jusqu'aux vacances. Nos petites filles occupaient le centre de la salle ; les mères, car il en venait quelques-unes et elles étaient des plus assidues, occupaient les côtés. Je demandai aussi aux meilleures élèves de mes cours complémentaires de venir pour m'aider. Non pas que je ne pouvais me suffire seule, mais je trouvais un grand avantage moral au contact des enfants des différentes classes. Après avoir entendu l'énoncé du gain du père et de la mère de famille comparé à leurs besoins, après s'être rendu compte du modeste chiffre qu'il ne leur est pas possible de dépasser pour leurs pauvres repas, combien de mes élèves riches n'oseront plus tard marchander à outrance le travail de l'ouvrière ; combien aussi éprouveront une pitié profonde pour ceux qui méritent vraiment cette pitié, pour les travailleurs aux salaires insuffisants! Combien de fois mes petites filles ne m'ont-elles pas dit, et d'un air de triomphe : « Mon père gagne 100 francs par mois! » La mère ne travaillant pas, c'est avec ce gain, avec 3 fr. 33 centimes par jour qu'il faut loger, nourrir, vêtir toute la petite famille.

Le cours comprend deux parties : l'enseignement théorique et les expériences pratiques. Dans la première,

j'enseigne à mes fillettes tout ce qui concerne l'économie
domestique, l'hygiène des grands et des petits, la propreté véritable, la comptabilité du ménage, etc. Comme
on peut le voir, ce sont là des questions bien sérieuses
pour de petites filles de 12 à 14 ans, et cependant elles
m'écoutent avec une attention soutenue; elles s'intéressent passionnément; jamais dans cette année de cours
je n'ai eu à en rappeler à l'ordre une seule d'entre elles;
n'est-ce pas ce qui prouve mieux que tous les discours
l'utilité de cet enseignement? — La leçon se complète
d'expériences pratiques. Celles-ci comprenaient dans les
premiers temps la préparation d'un repas très simple;
je tâchais autant que possible de préparer toujours dans
un seul récipient, à la fois la soupe, la viande et le
légume : soupe aux choux, pot-au-feu, épaule de veau
farcie, etc., ou bien nous confectionnions des mets vite
faits, le temps pour l'ouvrier étant une denrée précieuse.
Nous établissions le total de la dépense pour diviser
ensuite ce total entre les six membres de la famille sup-
posée, arrivant parfois ainsi à des résultats merveilleux :
15 à 20 centimes par personne et par repas, pain et vin
non compris. Plus tard nous nous sommes occupées de
préparer des tisanes, des cataplasmes; de faire des pansements faciles, d'emmailloter des bébés, de stériliser du
lait, de faire de petites soupes. Rien ne peut donner une
idée du plaisir qu'éprouvent mes jeunes élèves lorsqu'elles viennent manipuler à mes côtés. A chaque
leçon, j'appelle auprès de moi une enfant par école, de
façon qu'elle puisse servir de répétitrice à ses jeunes
camarades et qu'elle soit dans la possibilité de leur
donner des explications complémentaires sur les choses
que celles-ci assises trop loin n'auraient pas bien vues.
Parfois nos cours sont égayés par des incidents comi-
ques : un jour, une des élèves les plus appliquées jeta
dans la marmite la poignée qui lui avait servi à soulever

le couvercle au lieu du sel qu'elle destinait à la soupe;
on la repêcha au milieu de l'hilarité générale et la leçon
continua. Que de bonnes dispositions dans tous ces
cœurs de petites filles et quel dommage de ne pas
toujours diriger toutes ces frêles plantes dans la direction qui leur convient véritablement! Elles croissent à
l'abandon, inconscientes, aussi capables de bien faire
que de mal faire. Parmi ces filles d'ouvriers que j'en ai
vu aux fines mains blanches n'ayant jamais tenu un
balai ou pelé une pomme de terre! L'exemple les
entraînait et elles se mettaient à la besogne de bon cœur,
tenant, par une sorte de point d'honneur, à terminer
leur tâche.

Quiconque cuisine doit déguster; déguster c'est peu
lorsqu'il est quatre heures, que les estomacs sont jeunes
et que leurs petites propriétaires sont obligées de fournir
une longue étape pour rentrer au logis. Aussi je fus
amenée à transformer la dégustation en un goûter sommaire dont trois grosses miches de pain firent chaque
jeudi la base fondamentale. Nos préparations culinaires,
faites pour une famille de six personnes environ, ne
pouvaient guère suffire à former une collation pour mes
125 petites filles, mais quelques livres de chocolat, quelques biscuits, dons des amis du cours, nous permirent
de ne pas donner seulement du pain sec. Bientôt même
nous pûmes à notre tour faire de petites charités. Nos
fillettes, n'appréciant pas beaucoup la soupe à cette heure
de l'après-midi, la gaspillaient, aussi la soupe ne fut-
elle plus dégustée que par les monitrices et par les
mères de famille, le reste fut apporté à des malades par
les élèves du cours.

Tout ceci est certes bien modeste; nous n'avons pas,
dans cette première année, réalisé tout ce que nous

aurions rêvé; mais que de bien il y aurait à faire, et avec quelles sommes minimes on pourrait y suffire! J'ai indiqué nos dépenses pour les expériences culinaires, pour le goûter des enfants, le service, les imprimés, etc.; notre revenu a été de 235 francs et une fois tous nos frais payés il reste encore 34 fr. 95 centimes!

Notre pays est riche en associations de toutes sortes, en asiles hospitaliers; mais tous nos efforts, ainsi qu'on le proclame tant à l'heure actuelle, ne devraient-ils pas tendre à faire le bien en n'avilissant pas ceux auxquels nous offrons une main secourable? La suprême charité qu'on puisse faire à la mère c'est de la rendre capable de défendre ses enfants et son foyer. Quelques leçons très simples lui feront comprendre les principes essentiels qui doivent la guider dans l'éducation de ses fils; lui permettront aussi, en rendant l'intérieur plus agréable et plus sain, la table mieux servie et plus gaie, de retenir celui que les plaisirs du dehors entraînent trop souvent vers l'alcoolisme; défendant ainsi par contre-coup non seulement la santé de l'enfant qui existe, mais la santé de celui qui pourra naître demain. Riches ou pauvres, que nos filles connaissent leurs devoirs futurs et sachent les bien remplir. Ce n'est pas seulement par le nombre de ses enfants qu'un peuple existe, mais par la somme de leur valeur physique, morale et intellectuelle. Pour élever celle-ci, ce ne sont pas des efforts héroïques, des batailles tumultueuses, des volontés retentissantes qui sont nécessaires; mais un effort continu, lent et irrésistible, un effort dont les femmes sont peut-être plus capables que les hommes. En procédant doucement et systématiquement, en nous adressant à la partie de la population que les préjugés et les routines n'ont pas encore marquée d'une empreinte profonde, nous ferons plus que ne peuvent faire les révolutions politiques, nous transformerons notre cher peuple de France en un peuple de robustes et de vaillants, et nous aurons contribué à la grandeur de la race en travaillant au bonheur des individus[1].

Bordeaux, 10 octobre 1899.

Augusta Moll-Weiss,
Directrice et fondatrice de l'École libre
et gratuite d'Économie domestique
et d'Hygiène.

Nota. — Depuis, nous avons transporté l' « École des Mères » à Paris ; là dans l'une de ses sections, elle prépare les institutrices, de façon à leur permettre de donner elles-mêmes l'enseignement ménager à leurs élèves. Son siège est avenue Wagram 25.

LE
FOYER DOMESTIQUE

PREMIÈRE LEÇON

Sommaire. — Définition de l'Économie domestique. — But de cet enseignement. Le rôle de la ménagère. — Ses qualités. — Connaissances qui lui sont indispensables. — Hygiène et économie de la nourriture, du vêtement, etc. — Soins aux malades. — Soins aux tout petits. — De la solidarité féminine. — Résumé.

Mes Enfants,

On vous a dit sans doute que je vous ferai tous les jeudis un cours d'économie domestique et d'hygiène, et vous avez dû vous demander quel est le but de ce cours, ce qu'on entend par économie domestique et si l'on ne vous enseigne pas déjà, dans vos nombreuses heures de classe, quelque science analogue.

Définition. L'économie domestique est la science de toute la partie matérielle de la vie; elle tend à produire, avec les ressources les plus restreintes, la plus grande somme de bien-être possible, d'elle dépendent le bonheur et la prospérité de la famille.

Ou plus simplement : l'économie domestique est la *science du ménage.*

Ce mot vous étonne. Y a-t-il donc une science du ménage? Le ménage, c'est si simple; et d'ici je vois quelques mamans incrédules sourire en songeant : « On n'apprend pas le ménage à l'école, mais dans la maison paternelle ». Certes, l'expérience nous enseigne, beaucoup de choses à la longue, et rudement; mais pour progresser, nous pouvons, et nous devons même profiter de l'expérience des autres. Si l'une de vous laisse le lait se répandre au dehors, la première fois qu'on lui en a confié la cuisson, une seconde fois elle sera plus attentive, et si on l'avait prévenue tout d'abord que le lait monte et risque de déborder lorsqu'il entre en ébullition, sans doute le premier accident ne se fut point produit. D'ailleurs, l'économie domestique, la science du ménage, n'est pas seulement la science des petits détails de la vie pratique, elle n'est pas une tranquille routine comme beaucoup de gens veulent le croire.

Avez-vous jamais réfléchi au sens des mots ménage et ménagère? Ménage veut dire : administration, répartition; la ménagère est donc celle qui administre, qui répartit les ressources de la maison, et l'économie domestique lui enseigne à le faire de façon logique, en appliquant, aux choses de la vie courante, les conquêtes de la science. L'économie domestique ne vise à rien moins qu'à établir un équilibre harmonieux entre les besoins de la famille et les moyens que nous possédons d'y satisfaire; elle prétend procurer le plus de confort possible avec un minimum de dépense soit en argent, soit en peine. Ne serait-elle donc pas en quelque sorte la science du bonheur domestique? et n'est-ce pas vous proposer là une belle étude, mes enfants?

But de cet enseigne-ment. Le cours est donc destiné à vous donner des notions de la vie pratique, à vous apprendre comment, au sortir de l'école, vous pourrez vous rendre utiles aux vôtres, et comment plus tard vous pourrez vous acquitter sérieusement de vos fonctions de ménagère.

Rôle de la ménagère. D'après ce que je vous disais tout à l'heure, vous avez pu juger déjà que ces fonctions ne sont pas aussi humbles que vous aviez pu le supposer tout d'abord. Le rôle de la ménagère n'est pas un rôle inférieur; les plus grands devoirs, les plus graves responsabilités lui incombent. Elle est le dispensateur du bien-être de tous; de son savoir-faire dépendent en grande partie la satisfaction et même la santé de son entourage; les plus sérieuses qualités et quelques connaissances autres que celles enseignées à l'école lui sont indispensables.

Les qualités de la ménagère. Dans un vieux livre de cuisine bâlois, j'ai trouvé la formule suivante : *Recette pour faire bon ménage.* « Mets dans la marmite beaucoup de patience et de persévérance, ajoutes-y quantité égale de bonne humeur et de bonne volonté, écume soigneusement la paresse, l'égoïsme et l'indolence, laisse mitonner doucement sans jamais quitter le foyer, et tu auras préparé le bonheur du ménage. » Quoique la recette soit déjà fort compliquée, elle est loin d'être complète. Nous la compléterons en vous disant de quelle importance capitale sont pour la ménagère, l'ordre, l'économie, qui n'est qu'une forme particulière de l'ordre, l'activité, la propreté, la vigilance. Avec Cicéron, nous vous répéterons que « tout dans la vie est soumis à des devoirs, que d'y être fidèle voilà l'honneur, les négliger, voilà la honte ».

Puis, quand nous aurons ainsi bien établi le bilan des qualités d'une ménagère idéale, nous verrons comment elle doit les appliquer à la sage direction de son intérieur.

Notions in-dispensables à la ménagère. Imaginez un jeune couple qui entre dans la vie. De part et d'autre beaucoup de tendresse, de bonne volonté, de qualités morales et de vertus actives : Georges est un travailleur, Jeanne est une femme d'action.

Les voici qui s'éloignent de la maison paternelle pour s'installer dans le petit logement qu'ils ont choisi. C'est un joli appartement, propre et coquet, dans un quartier central de la ville. Georges ne pense pas, sans un peu d'effroi, que le loyer est bien élevé; mais Jeanne a été tentée tout de suite, dans sa vanité naïve de jeune femme, par la disposition élégante des pièces, par l'apparence cossue de la maison : « Nous rattraperons d'un autre côté, a-t-elle déclaré, ce que nous dépenserons de trop de celui-ci. » Elle s'y évertue, mais elle est trop peu experte en toute chose, elle ne sait comment équilibrer son budget, puis les denrées sont chères, le joli logement exige beaucoup d'entretien; au bout de l'année le chiffre des dépenses excède celui des recettes. « Déménageons, propose Georges. » Par mesure d'économie, ils se décident pour un petit appartement au fond d'une cour. Pas de soleil, pas d'air, de l'humidité. Conséquences : tout un cortège d'indispositions, rhumes, grippes et rhumatismes; le médecin, le pharmacien, autant de dépenses nouvelles, l'économie qu'ils ont voulu faire n'existe pas. « Vous moisissez ici, leur dit un jour le médecin, certaines conditions hygiéniques ne doivent jamais être négli-gées, allez-vous-en dans un quartier excentrique, choisissez un logis clair, bien exposé, bien ensoleillé, bien aéré, tous vos malaises disparaîtront et votre budget sera dégrevé. »

Oh! cette question du budget, comme elle tourmente Jeanne! Elle la retrouve au fond de tout. C'est elle qui est chargée de régler la dépense, Georges lui apporte tout ce qu'il gagne et Jeanne est très raisonnable, très économe, pourtant les fins de mois lui paraissent lourdes, et quand il survient quelque dépense imprévue elle est prise de court. « Jamais, pense-t-elle, je n'aurais cru qu'il est si difficile de bien conduire un ménage!... » Et comparant les ressources dont elle dispose à celles dont disposent quelques-unes de ses amies, elle s'étonne : « Les Robert et les Dubois ne sont pas plus riches que nous, pourtant ils sont plus à leur aise. »

Et ainsi de tous les côtés il lui vient des surprises; après le choix du logement, celui des aliments, des vêtements, de l'éclairage.

Pourquoi ce vêtement épais et lourd l'a-t-il garantie moins efficacement contre le froid que cet autre plus léger?

A quoi reconnaître qu'une viande est de plus ou moins bonne qualité, est plus ou moins nourrissante?

Les légumes secs sont mal digérés par son mari, qui cependant les aime, comment les rendre plus digestibles?

Cette lampe n'éclaire pas, est-ce le pétrole qui est de mauvaise qualité?

Ce poêle chauffe bien, mais sa chaleur est fatigante, comment y remédier?

Elle tâtonne, elle fait mille essais plus ou moins heureux : « On paie son expérience », lui dit Georges en souriant, et Jeanne confesse que bien des connaissances, autres que celles enseignées à l'école, lui seraient nécessaires.

Eh bien, ce sont ces connaissances que je voudrais vous donner. Oh! ce ne seront pas des choses extraordinaires ou compliquées que je vous enseignerai, mais quelques notions pratiques et hygiéniques très simples qui contribuent, dans une large mesure, à la conservation des individus et au bien-être de la famille.

Je vous dirai quelles sont les qualités indispensables à la ménagère, je vous apprendrai comment on établit un budget, car c'est sur le bon équilibre du budget que s'édifie la tranquillité de la ménagère et la prospérité du ménage; puis je vous indiquerai comment on doit se loger, se chauffer, s'éclairer; quels principes rationnels président à une bonne alimentation, quelle est l'hygiène du vêtement; en un mot, je chercherai à répondre à toutes les questions que Jeanne a pu s'adresser sans être en état de les résoudre.

Soins aux malades. Mais nos leçons ne se borneront pas à vous donner les notions nécessaires à la sage direction d'un intérieur, il en est quelques autres indispensables aussi. Suivons encore notre Jeanne. Georges est tombé malade et la jeune femme constate avec tristesse l'insuffisance de son éducation. « Appliquez des sinapismes », dit le docteur. Mais Jeanne ne sait pas; elle demande conseil à une voisine qui lui recommande de tremper d'abord le papier Rigollot dans du vinaigre; coutume déplorable qui fait que l'essence de moutarde s'évapore et remplace l'action rubéfiante de la moutarde par une action caustique plus ou moins forte, selon la qualité du vinaigre employé[1]. Puis, quand enfin le sinapisme est posé, elle le laisse une heure au lieu de 10 ou 15 minutes, ne sait pas quelles précautions il faut prendre pour le détacher, si bien que la peau part avec le sinapisme qui a fait office de vésicatoire. Georges, qui souffre beaucoup, s'impatiente, et Jeanne, très malheureuse, se dit que toutes les femmes devraient apprendre à soigner les malades.

Soins aux tout petits. Bientôt d'autres regrets viennent s'ajouter à ceux-ci; un bébé lui est né, elle l'adore et elle se sent si maladroite, si gauche, pour le tenir et l'emmailloter! Elle a sans cesse peur de lui faire mal; elle ne sait ni stériliser le lait pour les biberons, ni préparer les petites bouillies que l'enfant mangera plus tard. S'il a le moindre bobo, une inquiétude sans nom la tenaille : « Oh! se dit-elle, toutes les jeunes filles devraient apprendre à soigner les bébés; cela leur éviterait bien des angoisses quand elles seraient mères. »

Eh bien, mes enfants, nous voulons répondre à cette double nécessité. Nous vous apprendrons à soigner les malades, sans viser, pour cela, à faire la moindre concurrence aux médecins. D'autre part, nous vous apprendrons à soigner vos petits frères, vos petites sœurs, en attendant que vous ayez des enfants vous-mêmes. Vous leur éviterez, en sachant vous occuper d'eux avec discernement, plus d'une maladie, dont le triste résultat est infailliblement de débiliter, d'affaiblir l'organisme du petit être. Sachant davantage, vous ferez plus facilement et mieux ce que vous devez faire et vous pourrez rendre service à autrui, en toute connaissance de cause, avec la certitude de bien agir.

J'ai dit souvent déjà que je rêve d'une alliance entre

1. Il faut tremper les sinapismes dans un peu d'eau tiède ou à défaut dans un peu d'eau froide.

les mères, entre toutes les femmes riches ou pauvres. Elles prendraient l'engagement de veiller réciproquement sur leurs enfants, cela ne coûterait pas d'argent et les résultats seraient merveilleux. Ma propagande a-t-elle déjà porté quelques fruits, je n'ose l'espérer; voilà cependant le fait duquel j'ai été témoin il y a quelques jours : Sur l'une de nos plus belles voies, une nourrice aux grands rubans poussait nonchalamment une petite voiture dans laquelle se trouvait un

UNE NOURRICE

tout petit enfant; bercé par le mouvement régulier de la voiture, il avait fini par s'endormir, et la couverture qui devait le garantir du froid avait glissé, laissant ses petites jambes découvertes. Il était tout pâle, car vous savez que la température du corps s'abaisse pendant le sommeil et que nous avons, par conséquent, besoin d'être plus couverts lorsque nous dormons que lorsque nous sommes éveillés. La nourrice ne s'apercevait de rien. Tout à coup, je vis passer une jeune femme simplement vêtue, elle s'aperçut de la pâleur de l'enfant, et, sans mot dire, s'approchant du groupe, elle arrangea bien convenablement le bébé, le couvrit de sa bonne couverture, fit un petit salut à la nourrice ébahie... et s'en alla.

Voilà des charités qui ne reviennent pas cher, qui sont à la portée de tous et dont les effets peuvent être plus grands qu'on ne pense.

Notre programme.   Résumons, pour terminer, en quelques mots, le programme de notre enseignement : Après avoir étudié ensemble les qualités essentielles de la ménagère, l'*ordre*, l'*activité*, la *propreté* et leur application aux choses du ménage, nous apprendrons l'art d'établir un budget et nous nous rendrons compte de la meilleure façon de nous *nourrir*, de nous *vêtir*, de nous *loger*. Nous verrons ensuite quels soins la mère de famille doit donner à ses *malades* et à ses *enfants*.

Mais nos préoccupations ne seront pas seulement d'ordre matériel; toujours nous chercherons à dégager des questions très simples que nous envisagerons, l'enseignement moral qui les ennoblit en les élevant.

Vous vous pénétrerez ainsi de la grandeur de votre mission de femme et de son importance pour le maintien du groupe sacré de la famille. Vous sortirez de nos cours ayant appris à réfléchir, mais aussi vous rendant compte que vous *savez peu de chose* et que votre bonne volonté et votre cœur seuls pourront suppléer à l'insuffisance de votre science. Cette conviction vous donnera la modestie qui sied à la femme, et lorsqu'un jour vous serez mariées, vous saurez comprendre que dans une société de deux êtres, il faut qu'il existe à l'occasion une voix prépondérante et vous vous soumettrez plutôt que de provoquer la discussion ou la dispute d'où il sort rarement quelque chose de bon.

PREMIÈRE LEÇON PRATIQUE

Préparation d'un bon pot-au-feu. — Conservation du bouillon. — Déterminatifs[1].

1. Voir à l'Appendice culinaire.

PREMIÈRE PARTIE

QUALITÉS FONDAMENTALES DE LA MÉNAGÈRE

—

DEUXIÈME LEÇON

I. — DE L'ORDRE

Sommaire. — I. De l'Ordre. — 1° De l'ordre matériel. — a. L'ordre et la méthode. — L'ordre dans la dépense du temps. — La ponctualité. — La valeur et le respect du temps.

Avant de vous apprendre les lois qui régissent une alimentation bien comprise, avant de vous dire comment on doit se loger et s'habiller, comment on doit soigner ses enfants et ses malades, c'est de la ménagère elle-même que nous devons nous occuper, car de ses qualités personnelles dépend en grande partie le bonheur de la famille.

L'ordre, l'activité et *la propreté*, telles sont les qualités fondamentales sur lesquelles s'établissent les maisons sérieuses.

On pourrait en quelque sorte établir trois catégories dans l'ordre : *l'ordre matériel, l'ordre moral* et *l'ordre intellectuel.*

1° *L'ordre matériel.* L'ordre matériel assigne une place à chaque chose et l'y met exactement; une tâche à chaque individu et le tient de l'accomplir en son temps; une utilité à chaque dépense et ne la fait qu'en raison de son opportunité.

a. L'ordre et la méthode. L'ordre matériel est certainement chose plus compliquée que vous ne pensez, mes enfants; il ne suffit pas que rien ne traîne dans la maison, il faut encore qu'à l'intérieur des armoires chaque objet ait sa place, la place qui lui convient le mieux, celle où l'on sera sûr de le retrouver sans tâtonnement. Lorsqu'on s'est habitué à un ordre rigoureux, le moindre désordre, la moindre négligence, inaperçue des autres, se dresse devant nous, et, à travers les portes des armoires les mieux closes, il nous semble entendre les accusations les plus véhémentes. — Si vous saviez quelles économies de temps et d'argent occasionne un ordre bien compris!

En voulez-vous un exemple? Voilà trois voisines, Mme Benoît, Mme Éva et Mme Victor. La première est très désordonnée : lorsque l'été arrive, les couvertures de laine deviennent trop épaisses, les habits d'hiver trop lourds; elle les enlève et les suspend tranquillement au portemanteau, quand elle ne les jette pas simplement dans un coin. L'été passe, l'hiver revient, il fait froid. Le mari demande les habits pour aller au travail, les enfants grelottent sous la mince couverture. L'un dit à sa femme : « Veux-tu me donner mon tricot de laine? » — Les autres disent : « Mère, mets donc sur notre lit la bonne couverture de l'an passé ». Mais, hélas! mal soignés, mal rangés, ces différents effets sont dans un état pitoyable : les couvertures ont été rongées par les souris et les vêtements sont mangés par les mites. Le mari se fâche, les enfants ont froid tout l'hiver, car on n'a pas assez d'argent pour acheter d'autres couvertures; et la mère dira, inconsciente de sa faute, que ces sales bêtes sont créées pour causer de l'ennui aux pauvres gens.

Mme Éva n'agit pas de la même manière. Lorsque les rayons d'un soleil plus chaud pénètrent dans la maison, elle ouvre largement les fenêtres pour leur permettre d'entrer librement et d'accomplir leur tâche vivifiante; elle prend les vêtements et les couvertures et les passe en revue. Tous les petits trous, tous les *clairs* sont soigneusement raccommodés, les taches enlevées et les objets lavables lavés; puis, quand ils sont tous bien secs, bien aérés, elle les enveloppe dans des linges très

LES SOURIS

propres, elle les saupoudre de naphtaline[1], coud les linges hermétiquement et les met dans l'armoire, où le tout sera à l'abri des bêtes de toute sorte jusqu'à l'hiver prochain.

Certes Mme Éva est bien plus ordonnée que Mme Benoît; elle lui est de beaucoup supérieure; pourtant, le système qu'elle a employé est-il parfait? La fin de cette histoire nous renseignera à ce sujet. L'hiver arrivé, un

[1]. La naphtaline est une poudre blanche formée de paillettes, qui a une odeur caractéristique; on la trouve dans les conduits du gaz. Tout en étant souveraine contre les invasions des mites, elle ne coûte presque rien.

matin, au moment de partir pour l'école, le petit garçon d'Éva s'aperçoit qu'il a neigé; il grelotte en ouvrant la porte qui mène dans la rue, et vite il revient demander son costume d'hiver à sa mère. Celle-ci court à l'armoire et vivement déplie l'un des paquets si soigneusement faits au printemps : l'objet qui s'y trouve renfermé n'est pas celui qu'elle cherche; elle défait successivement les différents paquets : le dernier seulement contient le pantalon du pauvre Pierre, qui arrive en retard à l'école et qu'on punit sévèrement. Quant à la mère, fâchée d'avoir en vain défait des choses si bien rangées, elle maugrée : « C'est toujours comme cela, l'objet que l'on cherchait est le dernier sur lequel on met la main! »

Eh! non, dame Éva! Il n'en est pas toujours ainsi! Et la preuve en est en Mme Victor. Comme vous, elle a fait ses paquets au printemps, mais le jour où elle a voulu donner un jupon de laine à sa petite fille, elle a simplement ouvert son armoire, a pris un paquet sur lequel était épinglé un papier portant cette inscription : *jupons de laine*, et ce qu'elle cherchait, elle l'a trouvé sans perdre un instant. Des trois ménagères, c'est la seule qui se soit rappelé qu'elle est allée à l'école et qu'elle sait écrire et lire.

Mme Benoît est une désordonnée qui n'est économe ni de son temps ni des deniers de la famille, et qui ne fait rien pour le bonheur des siens.

Mme Éva est travailleuse et ordonnée, mais elle manque de méthode et détruit ainsi en bonne partie les résultats auxquels elle arriverait.

Mme Victor seule mérite le titre de bonne ménagère; elle ne fait pas seulement son devoir, elle se donne encore la peine de réfléchir, ce qui l'élève au-dessus des autres.

Vous êtes maintenant de grandes filles vous toutes qui m'écoutez, et dans beaucoup de points vous devez aider vos mères, si fatiguées par le travail et par les préoccupations de chaque jour. En rentrant de la classe, ou avant d'y aller, c'est vous qui devez maintenir le bon ordre dans les armoires et qui devez, par votre zèle et votre bon vouloir, aider dans la mesure du possible. Même les plus jeunes peuvent se rendre utiles; en voulez-vous un exemple? Regardez.

Voyez sur les étagères de cette armoire toutes ces boîtes munies de leurs étiquettes. Que contiennent-elles? Du poivre, du sel, du sucre en poudre, du sucre en morceaux, de la farine, du vermicelle, etc.... Chez combien d'entre vous les provisions d'épicerie sont-elles rangées avec soin? On les laisse dans les cornets de papier, ceux-ci se déchirent, la moitié de leur contenu s'éparpille et le reste est plus ou moins mêlé de poussière. Sans avoir des boîtes ou des bocaux aussi beaux que les nôtres, vous pourrez facilement collectionner en assez grande quantité des boîtes de conserves vidées ou d'autres boîtes pour en avoir finalement autant que de produits à conserver. Fabriquez-leur des couvercles si elles n'en ont point, et munissez-les d'une large étiquette de papier blanc sur laquelle vous écrirez le nom de la substance qu'elles contiendront. Il ne se perdra plus une parcelle de cette substance; quand on cherchera farine ou sucre, on les trouvera rapidement, vous aurez encore une fois réalisé une économie d'argent et de temps.

L'ordre dans la dépense du temps. Mais l'ordre matériel n'assigne pas seulement une place à chaque chose et l'y met exactement, il assigne aussi une tâche à chaque individu et le tient de l'accomplir dans un temps donné.

Chacun, c'est vous aujourd'hui et c'est vous dans

l'avenir. Aujourd'hui vous n'avez encore qu'à obéir; or il est bien plus facile d'obéir que de commander. Lorsque vos parents vous donnent une tâche à remplir dans la maison, acquittez-vous en avec promptitude et avec zèle; qu'elle ne soit pas seulement *faite*, mais qu'elle soit *faite à l'heure* qu'ils vous ont indiquée. Vous êtes trop jeunes encore pour vous rendre toujours et immédiatement compte du pourquoi des ordres qu'ils vous donnent; exécutez-les donc ponctuellement, de crainte de causer quelque dommage en agissant différemment.

Plus tard, vous ne serez plus des enfants et vous n'aurez plus seulement sans doute à recevoir des ordres, mais à en donner. Que vos ordres soient clairs et nets, ne changez pas chaque jour la distribution du travail; établissez des règles qui, par la force de l'habitude, prendront l'importance de lois. Et surtout, appliquez strictement à vous-même les règles que vous désirez appliquer à autrui. Soyez ménagères du *temps*, c'est la seule richesse que vous posséderez, il faudra en faire le meilleur emploi possible.

Le respect du temps. Le *respect du temps* est un des principes d'ordre les plus sérieux pour la bonne tenue du ménage. *Faire chaque chose en son temps* est le secret qui permet d'arriver à produire beaucoup de travail et à le produire dans les meilleures conditions. L'*ordre dans la distribution du travail* et la *ponctualité* sont peut-être les règles les plus importantes que doive observer la mère de famille.

La ponctualité. Donc, lorsque vous serez à la tête de votre ménage, il faudra vous rendre bien compte de tout le travail que vous aurez à faire dans la semaine; le distribuer entre les différents jours et entre les heures de la journée et, une fois vos heures de travail bien établies, faire l'impossible pour les maintenir et pour habituer à la *ponctualité* tou" ceux qui dépendront de vous. Plus on est nombre   . plus cette qualité est nécessaire, car le retard que   ·n des membres de la famille apporte dans l'exécutio de sa besogne entraîne un retard chez tous les autres. La première perte de temps est donc multipliée par le nombre de personnes qui composent la famille.

Et il faut bien le reconnaître, c'est la mère, qui peut plus que tout autre, par sa négligence, entraîner des retards dans le travail des siens. Si le repas n'est pas prêt à l'heure, c'est le mari qui est frappé d'une amende au chantier ou à l'atelier, ce sont les enfants qui sont punis à l'école.

Lorsque donc vous serez devenues des ménagères, ne vous laissez pas entraîner par les causeries chez les voisines, par les courses en ville. Avant tout pensez à votre travail et consultez l'heure. Chaque fois que j'aperçois des femmes groupées au coin d'une rue et bavardant de choses quelconques, j'éprouve pour elles comme un regret, en les voyant perdre si maladroitement cette denrée précieuse qu'on appelle le temps.

En un mot, transportez, autant que faire se peut, dans la vie, la régularité à laquelle on vous habitue à l'école. Voyez, vos bonnes maîtresses ont beau être fatiguées, elles font à chaque heure de la journée la leçon qu'elles doivent faire; imitez-les.

On vous a parlé de Rome et des Latins, nous tenons tant d'eux qu'on ne pouvait faire autrement. Sur le seuil de chacune des maisons romaines on écrivait : *Salve,* ce qui voulait dire : Soyez les bienvenus. Eh bien! je voudrais qu'en France on écrivît sur le seuil de chaque demeure : *Respecte le temps.*

Résumé.

L'ordre, l'activité et la propreté sont les qualités fondamentales de la ménagère.

L'ordre sans méthode est incomplet : il ne suffit pas de ranger, il faut le faire d'une façon intelligente; une maîtresse de maison doit distribuer le travail avec méthode, donner des ordres clairs et précis : chacun doit faire sa besogne et la faire dans un temps déterminé. *Le respect du temps, l'ordre dans la distribution du travail* et *la ponctualité* sont des points très importants que la ménagère doit observer.

DEUXIÈME LEÇON PRATIQUE

Préparation des condiments gras : graisse de porc, graisse de friture, beurre fondu.

TROISIÈME LEÇON

1° DE L'ORDRE MATÉRIEL (Suite)

L'ORDRE DANS LA DÉPENSE — LE BUDGET

SOMMAIRE. — L'ordre dans la dépense de l'argent : le budget. — L'épargne et l'économie. — Établissement de quelques budgets. — Part de la charité. — Le vieux pauvre (J. Aicard).

De l'ordre dans la dépense de l'argent. Le budget.

Nous avons parlé dans notre dernière leçon des deux premiers points qui font l'ordre matériel : une place à chaque chose, chaque chose en son temps, il nous reste à parler du troisième et ce n'est pas le moins délicat : *l'ordre dans la dépense.*

Je vous ai interrogées les unes et les autres pour savoir quelles sont, dans des familles connues de vous et vivant actuellement, les ressources et les charges. Voici les réponses que j'ai obtenues.

Le père gagne	3 fr.	par jour,	la mère	1 fr. 50,	il y a 3	enfants.
—	4	—	—	1	2	—
—	2	—	—	0	0	—
—	4 50	—	—.	2.50	5	—
—	1.50	—	—	1	la fille 2 fr.	
—	5	—	—	1.25	5 enfants.	
—	5	—	—	2	0	—
—	5	—	—	2	1	—
—	5.	—	—	4.50	l'enfant 1 fr.	
—	7	—	—	5	3 enfants.	
—	100 fr. par mois,		—	0	0	—
—	100	—	—	0	1	—
—	100	—	—	0	0	—

Je ne m'arrêterai pas au couple qui gagne en tout 2 francs par jour, c'est l'exception, de même que celui qui gagne 12 francs par jour. En somme les chiffres qui sont revenus le plus souvent sont $\frac{100}{30}$ ou 3 fr. 33 par jour, 5 francs et 7 francs par jour. C'est pour ces gains-là que nous tâcherons d'établir des budgets[1].

Naturellement ces budgets varieront suivant les ménages : lorsque la femme reste à la maison, elle économise par sa seule présence des frais de toutes sortes; lorsqu'elle sort et qu'elle gagne de l'argent, une partie de son gain compense le déficit apporté par son absence : tout n'est pas bénéfice dans le travail de la femme et ce serait une erreur de s'imaginer que l'humble ménagère qui reste chez elle et s'occupe sérieusement de son intérieur et de ses enfants ne fait pas œuvre utile, ne participe pas pour sa part et dans une large mesure au bien-être des siens. Encore faut-il pour cela que la besogne du mari soit assez lucrative et je ne crains pas de dire que si le mari arrive seulement à gagner 3 francs par jour, la femme doit s'ingénier de son mieux pour arrondir la somme par un travail quelconque.

L'épargne et l'économie. Même en supposant que les efforts du mari ou que ceux du mari et de la femme arrivent à donner un revenu de 5 francs par jour, songez quelle somme de travail il a fallu pour atteindre à ce chiffre et combien par conséquent la femme qui gaspille cet argent, péniblement gagné par un rude travail de 10 heures, est blâmable. Combien celles surtout qui n'ont d'autre occupation que de garder le foyer et de l'entretenir en bon état sont peu honnêtes, si elles ne cherchent pas à employer le mieux possible le gain du mari.

1. Ces chiffres ont été établis pour Bordeaux, une ville de province; ils varient selon les régions et surtout pour Paris.

Ce gain doit servir à payer le loyer, le chauffage, l'éclairage, la nourriture et les vêtements pour le mari, pour les enfants. Mais la femme la plus ordonnée, la meilleure ménagère ne mériterait plus cette qualification si elle ne sacrifiait à l'autel de *l'imprévu*. Il peut arriver une maladie, un chômage, un incendie, tel accident qui réduit à néant les prévisions les mieux établies ; il faut donc prendre la précaution de compter avec l'imprévu. Si rien ne survient, ce sera là la première *épargne* sans laquelle nulle famille, pauvre ou riche, ne saurait prospérer. Et quand bien même le revenu ne serait que de 3 fr. 33 par jour il faudrait encore s'obliger à cette épargne, indispensable à qui veut faire honneur à ses affaires.

Pour les risques que nous fait courir le feu, il y a les *assurances* : 3 fr. 20, par exemple, seront consacrés chaque année à prendre cette garantie contre les incendies. Dans certains pays il existe aussi des sortes de sociétés de prévoyance pour pallier aux chômages qu'entraîne la maladie. Ces associations mutuelles, soutenues par le patron et par l'ouvrier, sont très bien comprises. En France, elles ne fonctionnent pas encore partout et surtout elles ne sont pas obligatoires : c'est donc la prévoyance de la ménagère qui devra réunir peu à peu une petite somme, qui, déposée à la Caisse d'épargne, ou transformée en un titre de rente, pourra, aux jours mauvais, être d'un secours inappréciable ; à moins, ce qui vaut mieux, qu'elle n'obtienne que son mari fasse partie d'une de ces mutualités. Le plus sage serait même de faire partie d'une mutualité familiale.

Établissement de quelques budgets. Voyons maintenant comment on pourrait établir les budgets avec un revenu de $\frac{100}{30} = 3$ fr. 33 par jour, avec un revenu de 5 francs et avec un revenu de 7 francs par jour de travail[1].

1. Cet établissement, juste pour Bordeaux, demande de nombreuses modifications pour Paris.

LE REVENU ÉTANT DE 100 FRANCS PAR MOIS, SOIT 1200 FRANCS PAR AN

Le mari, la femme, deux enfants.

2 francs par an pour *l'assurance*. 5 20

Loyer : Il est malsain de dormir dans la chambre où l'on mange, donc une cuisine et une chambre. Dans le catalogue des habitations à bon marché[1], je trouve cela pour 13 francs par mois, 13 × 12. . 156 . »

Chauffage : On ne fait de feu que dans la cuisine, et le même feu sert à chauffer la pièce; à 20 centimes par jour, 365 × 0.20 = par an. . . . . 73 »

Éclairage : 15 centimes par jour (cela fait environ 4 heures de lumière); 365 × 0.15 = par an 54 75

Blanchissage : La femme fait ce blanchissage elle-même, du moment où elle ne s'occupe que de l'intérieur, il lui revient, le savon pour la toilette et pour les autres nettoyages compris, à 4 francs par mois; 4 × 12 = par an . . . . 48 »

Nourriture
{ Viande et légumes. 1.25 — 2 fr. 20 par jour; 2.20 × 30 = 66 fr. par mois;
Pain.. . . . ».55
Vin. . . . ».40 } par an : 66 × 12. . 792 »

Vêtements et *linge* pour l'année. . . . . 65 »

ToTAL. 1191 95

Reste pour l'*épargne* 1200 — 1191 95 = 7 fr. 25

Les économies faites sur l'une ou sur l'autre de ces matières permettront parfois une récréation ou un plaisir.

Les *impôts* seront prélevés sur l'épargne.

1. Catalogue des habitations à bon marché de Bordeaux.

UN BUDGET DE 5 FRANCS PAR JOUR

Ce serait une erreur que de compter sur 5 francs par jour ; en effet, les jours fériés supprimés, il ne reste que 305 jours ; Le revenu véritable par an est donc de 305 × 5 = 1525 francs.

Assurance.	4 »
Loyer : Au lieu de deux pièces, la famille peut en avoir trois, une pour la cuisine, une pour les enfants, une pour les parents. Je relève, dans les habitations à bon marché, des logements dans ce genre à 18 francs par mois, 18 × 12.	210 »
Chauffage.	75 »
Éclairage : Il faut un peu plus de luminaire pour trois chambres, 18 centimes par jour ; 0.18 × 365, par année.	65 70
Blanchissage : Les frais de blanchissage sont à peu près les mêmes.	48 »
Vêtements	100 »
Nourriture : A peu près la même	871 »
Confort et récréations corporelles, bains, etc.	9 »
Épargne : 8 francs par mois	96 »
Société de secours mutuels.	24 »
Journal.	18 »
TOTAL.	1524 70

L'impôt sera pris sur l'épargne.

Pour toute augmentation de revenu, on agira toujours ainsi que nous l'avons fait pour passer de 3 fr. 33 à 4 fr. 18, gain réel de l'ouvrier payé 3 francs par jour, à cause des jours fériés.

Quelques règles générales sont à observer :

Règles générales. — I. Jamais, absolument jamais, le loyer ne doit dépasser le sixième du revenu ; la moyenne habituelle est du douzième environ[1].

1. Cette moyenne d'un douzième est trop faible pour Paris, elle doit être portée au dixième.

II. L'épargne doit augmenter à mesure que la recette devient plus importante; à un moment donné elle ne doit plus seulement servir pour les membres de la famille, mais encore pour aider à de plus petits que soi.

III. Quelle que soit votre misère, vous pouvez et vous devez aider de plus malheureux que vous; ce n'est pas seulement par de l'argent qu'on se soutient mutuellement, mais par de petits services rendus à l'occasion, quelquefois par la simple commisération. (Poésie de Jean Aicard : *Le vieux pauvre.*)

IV. Enfin il est une richesse que vous possédez toutes et que beaucoup d'entre vous ne savent pas employer, c'est l'instruction que l'on vous donne avec tant de dévouement à l'école. La plupart d'entre vous s'en souviennent seulement pour dévorer à la hâte de mauvais romans, les feuilletons du rez-de-chaussée des journaux. Puisque vous savez lire, servez-vous de ce précieux avantage pour accroître chaque jour le domaine de vos connaissances pratiques, et surtout n'oubliez pas que vous savez écrire. Dans chaque ménage, même dans les plus humbles, il devrait exister quelques cahiers qui sont indispensables au bon ordre et à la bonne tenue de la maison.

LE VIEUX PAUVRE

POÉSIE DE J. AICARD

Donner de son argent aux pauvres, c'est très bien:
    Comment faire quand on n'a rien?
    On peut leur montrer qu'on les aime,
Donner son cœur, voilà la charité suprême;
C'est ce que petit Jean a compris de lui-même :
    En allant à l'école, il rencontre en chemin
Un bon vieux tout tremblant qui, son bâton en main,
    Allait, chantant d'une voix triste,
Car la misère, hélas! fait que les malheureux
Souvent chantent pour nous tout en pleurant sur eux!

Or petit Jean n'est pas un égoïste,
Il voudrait bien donner quelque chose au vieillard;
   Mais petit Jean n'a pas un liard.
« J'ai goûté, se dit-il, d'un pain et d'une pomme;
Mais lui, qui sait s'il a déjeuné, ce pauvre homme.
   Comme il tremble! comme il est vieux!
Comme il marche avec peine! il ressemble à grand-père! »
A cette idée enfin, Jean qui se désespère,
Essuie — avec sa manche en lustrine — ses yeux.
Tout à coup petit Jean part à toute vitesse,
   Aborde le vieux et se baisse....
Le vieillard, tout surpris, disait : « Que faites-vous? »
   Mais petit Jean est à genoux,
Il renoue un cordon de la vieille chaussure.
   Le vieux, dont la marche est mal sûre,
   Eût pu tomber, en effet,
S'il avait mis le pied sur le cordon défait!
   Petit Jean, que Dieu te bénisse!
   Que ta mère se réjouisse!
   Un riche peut donner de l'or,
Toi, tu donnes ton cœur, c'est le plus beau trésor.

Résumé.

Le budget doit être établi proportionnellement aux ren
trées. *Le gain de la femme n'est pas tout bénéfice dans un
ménage.* Le gain doit servir à payer le loyer, le chauffage,
l'éclairage, la nourriture, les vêtements; il faut réserver
une large part aux dépenses imprévues, cette part, si
elle reste inemployée, formera *l'épargne.* Les risques de
chômage, d'accidents et d'incendie doivent être couverts
par des assurances ou par des associations mutuelles.

TROISIÈME LEÇON PRATIQUE

Soupe à l'oignon. — Omelette économique.

———————

QUATRIÈME LEÇON

LES LIVRES DE LA MÉNAGÈRE

SOMMAIRE. — Les livres de la ménagère : le livre de comptes. — Le livre de la blanchisseuse. — Le carnet de divers. — Le livre d'inventaire. — Le livre du médecin. — Le livre de facture.

1° **Le livre de comptes.** — Ce livre doit contenir toutes les dépenses, toutes les recettes, il sera disposé ainsi :

NOMENCLATURE DES RECETTES ET DES DÉPENSES	DÉPENSES	RECETTES
4 *janvier.* Le lendemain de notre mariage, en caisse		250 25
Acheté viandes et légumes pour	2 »	
Une pelle pour les débris ménagers	» 30	
Un pain	» 40	
Charbon de bois	» 30	
Farine	» 20	250 25
TOTAL	3 20	3 20
Reste en caisse		247 05
5 *janvier.* Boisson	» 20	
Lait	» 15	
Café	1 25	
Reçu pour mon travail		5 45
TOTAL	1 60	252 50
. . . .		1 60
Reste en caisse		250 90

Si la ménagère ne peut faire ses additions et ses

soustractions tous les soirs, elle les laissera jusqu'au dimanche, mais il faut toujours qu'elle inscrive sans faute et les dépenses et les recettes; il faut aussi qu'elle relève ses comptes au moins le dimanche, c'est une façon de contrôler la dépense, de la modifier parfois si elle est exagérée.

2° Le livre de la blanchisseuse. — Le livre de la blanchisseuse à l'usage de celles qui, pour une raison quelconque, ne peuvent laver leur linge elles-mêmes. Ce livret doit être tenu avec le plus grand soin, on évite ainsi les discussions et les pertes. Une première colonne sur laquelle on inscrit les différents noms des effets, puis d'autres colonnes surmontées de la date à laquelle on les remet à la blanchisserie. Enfin, lorsque les objets sont rapportés exactement on les biffe, s'il en manque on les inscrit. Un exemple fera mieux comprendre :

NOMENCLATURE DES EFFETS	JANVIER 1800				
	2	9	16	23	30
Chemises d'homme.	2	1	2		
Chemises de femme..	2	3	1		
Pantalons d'homme.	1	0	1		
Pantalons de femme	2	1	2		
Mouchoirs..	3	5	7		
Tabliers.	1	2	2		

En examinant notre livre, nous voyons que la blanchisseuse, le 2 janvier, a reçu un pantalon d'homme qu'elle n'a pas rapporté; que le 9 janvier elle a reçu trois chemises de femme et qu'elle n'en n'a rapporté que deux, il en manque une, etc.... Il sera facile à la fin du mois, si tous les objets n'ont pas été remis, d'en retenir la valeur sur la somme qui lui est due.

3° **Un carnet de divers.** — Sur ce carnet, la ménagère inscrit toutes les choses intéressantes qu'elle apprend d'une manière certaine, qui peuvent lui être utiles et qu'elle craint d'oublier : recettes de cuisine, remarques sur le nettoyage, prix de certaines denrées, etc...; à la fin de son livre elle pourra inscrire les adresses dont elle peut avoir besoin, et cela par ordre alphabétique.

4° **Le livre d'inventaire.** — Moins indispensable que les autres, ce livre est cependant utile, il permet à la femme de se rendre compte d'un coup d'œil des richesses qu'elle possède. Établi le lendemain du mariage, c'est tout d'abord le relevé exact de ce qu'elle possédait à ce moment-là, linge, vêtements, meubles, etc. A mesure qu'elle s'enrichit de tel ou tel ustensile de cuisine, de telle robe, etc., elle complète la liste : lorsqu'un objet disparaît pour une raison ou pour une autre, elle l'efface. C'est surtout au renouvellement des saisons que le livre d'inventaire rend de sérieux services à la ménagère en lui révélant telle ou telle ressource à laquelle elle ne pensait plus, et en lui évitant de fausses dépenses qui font double emploi. Voici bientôt le printemps, profitez de l'occasion pour faire sérieusement votre carnet d'inventaire, vous verrez que vous y trouverez du profit. On divise le cahier en plusieurs parties ; une pour les vêtements proprement dits, l'autre pour le linge, une autre pour les chaussures, etc., de façon à grouper les différents articles avec ordre et méthode.

5° **Le livre du médecin.** — C'est un carnet qu'aucun économiste n'indique et qui peut cependant rendre de réels services : chaque fois qu'un enfant ou qu'une grande personne a été malade on copie sur ce carnet l'ordonnance du médecin; on donne à cette ordonnance un numéro que l'on rapporte sur l'ordonnance copiée; puis on écrit au-dessous quel était l'aspect du malade au moment de la prescription, et si cela se peut, le diagnostic du médecin; on date, bien entendu.

En tenant ce carnet avec soin, on peut parfois éviter aux enfants de longs mois d'isolement. Par exemple, à propos de la coqueluche, le fait s'est présenté pour mes enfants : on allait les mettre en observation en les isolant; lorsque je fis voir au docteur mon carnet, il reconnut que les enfants avaient déjà eu la coqueluche en retrouvant les ordonnances de son prédécesseur, et ceux-ci échappèrent à la quarantaine qui les menaçait[1].

6° Enfin le livre de factures. — Certes, dans tous les ménages, la ménagère ne devrait acheter qu'*au comptant*, en agissant autrement elle se prépare bien des ennuis, bien des surprises désagréables; cependant, dans certaines circonstances, même en payant au comptant, il faut se faire donner un reçu, pour le loyer, par exemple. Ces reçus doivent être conservés soigneusement.

Faites un petit carnet de 2 centimètres de côté, avec du papier, gommé d'un côté; cousez ce carnet dans la couverture d'un vieux cahier, puis collez chaque facture que vous recevrez sur l'un des feuillets de ce carnet. Si votre ménage est important, il sera bon de numéroter chaque feuillet et de rappeler le numéro du feuillet et la nature de la quittance dans un répertoire que vous ajouterez au tout. Vous pourrez, de cette manière, retrouver à l'instant un compte parmi un grand nombre d'autres factures.

1. On prétend cependant qu'on peut contracter deux fois cette maladie.

Exemple : on vient nous demander de payer le compte d'Ichylo, marchand de légumes secs, nous sommes persuadées l'avoir déjà payé. A la feuille *I* du répertoire, nous trouvons le nom du fournisseur accompagné des numéros de tous les feuillets auxquels nous pourrons retrouver ses factures; nous constaterons donc facilement qui se trompe, de nous ou du marchand.

Résumé.

Les livres de la ménagère sont d'une très grande utilité, à condition d'être tenus avec régularité, et de servir de contrôle.

QUATRIÈME LEÇON PRATIQUE

Soupe à la citrouille et aux haricots. — Préparation du chocolat.

CINQUIÈME LEÇON

2° DE L'ORDRE MORAL — 3° DE L'ORDRE INTELLECTUEL.

SOMMAIRE. — 2° DE L'ORDRE MORAL. — Chacun à sa place : le respect de l'autorité. — Le respect de l'individualité de tous. — 3° DE L'ORDRE INTELLECTUEL. — L'activité et la pondération. — Développement de toutes les facultés. — Activité constante et mesurée.

2° De l'ordre moral. La ménagère aurait beau avoir de l'ordre dans ses armoires, dans ses dépenses, dans ses livres, l'avenir de la famille n'est assuré que lorsque l'ordre moral règne à côté de l'ordre matériel. L'ordre moral repose sur l'observation de deux principes : chacun à sa place, et respect de l'individualité de tous.

Chacun à sa place. Il existe des familles où la femme veut être la maîtresse absolue; d'autres où les enfants méprisent l'autorité des parents, ou n'en tiennent aucun compte. Je vous assure que ces familles ne sauraient prospérer. Le mari et la femme sont égaux et doivent disposer d'une autorité égale : sans doute le père travaille au dehors et gagne péniblement l'argent nécessaire aux siens; mais pendant ce temps la femme ne reste pas inactive, elle distribue avec économie le gain de l'homme. C'est grâce à son savoir-faire, à son ingéniosité, que le père et les enfants seront bien logés, bien nourris, proprement vêtus. Ses préoccupations sont multiples, jamais son œuvre n'est terminée, car au travail purement matériel viennent se joindre des occupations d'un ordre plus élevé : c'est elle qui a charge d'âmes, elle qui par ses conseils, par sa surveillance, par son exemple, fera de ses enfants des êtres bons, honnêtes et travailleurs. Sa tâche est aussi lourde que celle de l'homme, et comme *ce sont nos devoirs qui créent nos droits*, il en résulte une égalité réelle entre les parents, et vous devez obéissance, amour et respect à l'un comme à l'autre.

Cependant il peut arriver parfois que, dans une discussion grave, et plus souvent, hélas! pour un mobile futile, l'avis des deux époux ne soit pas le même, eh bien! à ces moments-là, le devoir de la femme, c'est la soumission. Même quand elle aurait la ferme conviction d'une erreur commise par le mari, il y aura encore avantage pour la famille à ce qu'elle accepte l'autorité du père, plutôt que d'en venir aux cris, parfois aux coups. Ce ne sont pas des faits sans appel; si la femme ne s'obstine pas, cent fois pour une elle arrivera plus tard, en raisonnant doucement avec son mari, à le convertir à ses idées. Sans doute il est parfois pénible de se soumettre, mais nous faisons tous partie d'une société, par cela même, que nous le voulions ou non, nous avons accepté ses lois, et il est nécessaire, indispensable même pour le maintien de l'ordre général, que ces lois existent. Cette société a institué l'homme comme *chef* de la famille, lui conférant ainsi, non seulement des droits mais des devoirs, car je vous le répète, les uns ne vont pas sans les autres. Dans l'antiquité, l'autorité du « pater familias » était même beaucoup plus étendue et celles d'entre vous qui liront l'histoire romaine verront que le père avait droit de vie et de mort sur ses enfants.

De même que la femme doit accepter l'autorité du mari, de même les enfants doivent accepter celle de leurs parents. Les motifs qui les y sollicitent sont de deux sortes : la reconnaissance et leur intérêt bien entendu.

Vous devez respecter vos parents. Vous devez respecter vos parents, parce que tous les efforts pénibles qu'ils accomplissent, ils les accomplissent à cause de vous. — Vous devez les respecter parce qu'ils vous aiment et que vous les aimez. Un enfant qui n'obéit pas à ses parents, qui leur répond mal, qui ne les satisfait pas dans la mesure de ses moyens, est un enfant qui n'aime pas ses parents quoi qu'il puisse dire pour se disculper. Lorsqu'on aime bien quelqu'un et qu'on lui doit de la reconnaissance, on fait tout pour lui plaire et sans que personne ne vous y oblige. Celles donc d'entre vous qui n'accomplissent pas ce devoir sacré sont des enfants ingrates.

Et ce n'est pas seulement par reconnaissance que vous devez écouter leurs avertissements et suivre leurs conseils, c'est encore dans votre propre intérêt. En effet, à quoi servirait-il à vos parents d'avoir vieilli s'ils ne savaient pas mieux que vous ce qu'il est bon de faire. Sans doute les petites filles se disent souvent : « Maman voit les choses comme elles étaient autrefois, mais de nos jours tout a bien changé. » Erreur, mes chères petites, autrefois comme aujourd'hui, les petites filles aimaient à s'amuser; rien n'a changé quoi que vous en pensiez, sinon les petites filles elles-mêmes.

Écoutez donc ces voix autorisées; écoutez vos parents pour eux, pour vous-mêmes, ils ont plus que l'expérience, ils vous aiment si tendrement !

Le respect de l'individualité de tous. Mais notre respect ne doit pas seulement s'adresser à ceux qui sont plus âgés que nous, il doit aller à tous ceux qui vivent avec nous, ou qui ont avec nous des rapports quelconques; respect de leur *pureté,* de *leurs affections,* de leurs *croyances.*

Jamais les sœurs aînées ne doivent devant des enfants plus jeunes tenir des propos inconséquents ou malhonnêtes. Si vous saviez combien le mauvais exemple agit sur leurs natures! Pères, mères, frères, sœurs, notre continuelle préoccupation devrait être l'exemple que notre conduite donne à autrui. Pas de gestes communs, de coups et de batailles, pas de mauvaises paroles, de vilaines actions. Songeons bien que rien de ce que nous faisons n'est perdu pour ces tout petits. Tout se grave dans leur esprit, dans leurs cœurs, et nous sommes parfois plus responsables des mauvaises actions qu'ils commettent qu'ils ne le sont eux-mêmes.

S'ils se trompent, s'ils font mal, reprenez-les doucement, faites-leur comprendre d'où vient leur erreur et ne commencez pas tout de suite par des paroles brutales, par des coups. Plus d'un père, plus d'une mère a dû retrouver plus tard dans les mauvais traitements que lui infligeaient ses fils et ses filles (chose monstrueuse, mais qui existe, hélas!) l'image même de certains de ses gestes.

Respectez aussi chez vos enfants, chez vos parents, chez vos amis et même chez les personnes avec lesquelles vous avez de simples relations leurs affections et leurs croyances. Combien est-il de femmes qui, pour le méchant plaisir de faire du mal aux autres, ont détruit dans leurs cœurs les affections les plus sérieuses, les plus délicates. Si vous n'êtes pas pieuses, c'est votre affaire, ne ridiculisez pas les croyances des autres; catholiques, protestants ou israélites, les heureux sont ceux qui croient; enviez bien secrètement leur bonheur et laissez-les libres dans les manifestations que leur foi leur inspire. S'ils sont, au contraire, libres-penseurs et que vous-mêmes soyez croyants, respectez leurs opinions comme ils doivent respecter les vôtres.

Cette règle doit s'étendre aussi aux questions de

patrie : aimez la France de tout votre cœur et faites-lui honneur par votre conduite; mais si un étranger se trouve dans l'obligation de suivre ses classes ou de gagner sa vie parmi vous, ne lui reprochez jamais sa nationalité. Lui aussi aime sa patrie, vous êtes ses hôtes et vous seriez par conséquent deux fois coupables en froissant ses sentiments.

Si vous saviez comme il est honteux de s'occuper de ce qui ne vous regarde pas et surtout dans le dessein de nuire! Lorsqu'une amie est venue vous voir, au lieu de la critiquer, elle ou sa toilette, songez au contraire à ce qu'elle a pu vous dire de bien, remontez aux mobiles qui dirigent ses actions, ne vous arrêtez pas à la surface, et bientôt vous verrez que vous n'aurez pas à la juger aussi sévèrement que vous le pensiez d'abord. *Indulgence*, *reconnaissance* et *pitié*, tels devraient être les mots qui remplissent le cœur de toutes les femmes.

De l'ordre intellectuel. *L'ordre intellectuel* est l'harmonie entre nos diverses facultés. Cette harmonie, cet équilibre ne sont pas indifférents. *Notre activité* n'est pas autre chose que la mise en pratique, l'exécution des résolutions prises par notre esprit.

Un esprit mal équilibré ne saurait concevoir des raisons sainement motivées, ni provoquer une action vraiment efficace.

Notre esprit est comme le patron d'une barque qui vogue sur la mer. Toutes ses facultés lui sont nécessaires pour bien conduire son embarcation. S'il n'observe pas de quel côté vient le vent, s'il ne se rend pas compte de quel côté est la terre, s'il oublie de consulter sa boussole, il aura beau commander la manœuvre, et son équipage aura beau s'exténuer en efforts pour le satisfaire, le résultat ne saurait être heureux. Ils erreront au hasard, ne trouvant pas le port, ils se perdront peut-être. Et si cette catastrophe leur est épargnée, que de peines inutiles pourtant, que de fatigues vaines!...

Ne soyez pas comme ce patron; avant d'agir, réflé-

UNE BARQUE SUR LA MER ET SON PATRON

chissez. Appelez à votre aide toutes vos facultés : l'attention, la mémoire, le jugement; vous accomplirez votre tâche bien plus vite et avec beaucoup moins de peine.

Mme Marie veut préparer le repas; elle s'aperçoit qu'il n'y a plus de charbon à la cuisine, elle descend à la cave pour en chercher. A peine remontée elle s'avise qu'il n'y a plus de pommes de terre, elle est forcée de redescendre encore. Enfin au moment de mettre le couvert c'est le vin qui lui fait défaut et nécessite une troisième expédition. Toutes ces courses l'ont fatiguée, mise en retard, elle grogne.... Que n'a-t-elle usé d'un peu de réflexion? elle pouvait en une seule fois monter ce qui lui était nécessaire.

Mme Robert agit différemment; l'approuverons-nous? vous allez en juger : Avant de partir pour le marché elle examine ses provisions, voit ce qu'il lui faut pour deux ou trois jours et note ces articles dans sa mémoire. Rien de mieux, n'est-ce pas?... Mais arrivée au marché elle trouve mille choses dont le prix modique la tente; elle achète, elle achète, elle entasse provision sur provision : « C'est une occasion, se dit-elle, il faut en profiter. » Qu'arrive-t-il? Rentrée chez elle, Mme Robert vide son panier et son enthousiasme se change en confusion : le désir inconsidéré de faire une bonne affaire l'a amenée à en faire une mauvaise : elle a des provisions pour quinze jours. Jamais son mari et elle n'en viendront à bout tout seuls, la moitié se perdra. Elle a rapporté un tas de choses superflues, mais elle a oublié le sel, les allumettes, les bougies qui lui sont indispensables.

Avant d'agir elle avait bien réfléchi, mais sa mémoire et son jugement lui ont fait défaut de compagnie.

L'activité et la pondération. Pour que l'activité de la ménagère ne soit pas une agitation vaine, il faut donc avant tout que la ménagère s'efforce d'acquérir une qualité indispensable : la *pondération*; c'est-à-dire qu'elle sache faire usage en même temps de toutes ses facultés.

Voyez Céline : elle est fort appliquée à son ouvrage

de couture, elle veut très bien faire, elle se donne beaucoup de peine pour cela. Mais à côté d'elle le déjeuner qu'elle doit surveiller se calcine, sa petite sœur penchée sur la table découpe avec les ciseaux qu'elle a ramassés à terre les images d'un livre auquel le père tient beaucoup.... Céline ne voit rien, tout entière absorbée par l'attention qu'elle prête à sa couture. Certes son application est louable, pourtant elle ne justifie pas sa distraction.

Il ne faut pas plus se laisser dominer par une faculté unique qu'il ne faut développer une aptitude unique en détruisant les autres. Que penseriez-vous d'un jardinier qui dans son jardin n'arroserait jamais qu'une seule et même plante? Faut-il laisser périr les autres parce que celle-ci est plus belle, plus belle et plus aimée? En quoi leur prospérité simultanée pourra-t-elle lui nuire? La beauté du cadre ne lui donnera-t-elle pas, tout au contraire, plus de valeur? L'homme d'une seule aptitude est un infirme et ceux qui sous couleur de favoriser une tendance maîtresse — disons mieux, une vocation — réservent tous leurs soins à cette aptitude dominante et sacrifient les autres me rappellent la Toinette du *Malade imaginaire* et son ironique conseil : Coupez ce bras, crevez cet œil... vous ne voyez donc pas qu'il tire à lui une part de la substance dont l'autre profiterait?...

Dans un ordre d'idées plus simples, combien de jeunes filles, sous prétexte qu'elles étudient, qu'elles ont des succès scolaires, refusent de s'intéresser aux humbles travaux de l'intérieur? Parce qu'elles savent en quelle année Charlemagne fut couronné empereur d'Occident elles considéreraient comme une déchéance de tenir un balai, d'aider à préparer le repas de la famille !

Elles méconnaissent à la fois leur devoir et leur

intérêt. La fille doit assistance à sa mère dans tous les travaux de la maison, c'est le premier précepte de la piété filiale. Et d'autre part il n'est besogne si modeste dont l'accomplissement ne lui soit un profit matériel et moral tout ensemble.

Il ne suffit pas, en effet, de s'occuper en choisissant entre les besognes celle qui est la plus agréable au détriment des autres : la jeune fille qui du matin au soir fait des dentelles pour garnir son linge, et qui souffre que ses frères et ses sœurs portent des bas percés n'a pas été inactive, *son activité eût pu être mieux employée.*

Et il ne faut pas davantage que la multiplicité des charges entraîne à des mécomptes : la ménagère, qui, les jours de nettoyage, s'absorbe dans le souci de récurer au point de négliger la préparation du repas, fait, avec la meilleure intention son devoir à rebours.

L'activité doit être constante et mesurée. Combien voyons-nous, d'autre part, de femmes qui, infatigables aujourd'hui, se déclareront demain exténuées : c'est qu'elles ne savent pas mesurer leur activité. Une ménagère sage ne tombe pas dans ces exagérations; elle connaît ses forces et en use sans en abuser, ces grands labeurs, ces ivresses de travail ne se soutiennent jamais. Mieux vaut produire une somme de travail moindre mais régulière, car il ne suffit pas qu'une ménagère fasse preuve d'une activité violente et intermittente, *son activité doit avant tout être constante et mesurée.*

La mère de famille doit prêcher l'exemple, jamais elle ne doit rester sans rien faire. Non que je veuille dire par là qu'elle doive constamment cuisiner, nettoyer, savonner. Je pense au contraire qu'elle doit surtout faire toute cette besogne lorsqu'elle est seule (je parle surtout pour celles qui ont le *bonheur* de rester dans leur intérieur), de façon que, lorsque le mari et les enfants sont là, elle puisse rester auprès d'eux avec un travail de couture ou de raccommodage, parfois un bon livre, afin d'être la société du père et la surveillante des enfants. Ce n'est pas du temps mal employé que celui que la mère passe ainsi auprès des siens; par l'exemple, par sa douce influence, elle prêche aux uns, elle empêche les autres de glisser sur une mauvaise pente. Que de fois c'est l'intérieur que les hommes trouvent chez eux qui leur donne envie d'aller ailleurs. Une chambre sale et en désordre, une femme de mauvaise humeur, des enfants mal élevés et tapageurs, voilà plus qu'il n'en faut pour que le père de famille délaisse le foyer pour d'autres endroits où il est presque toujours entraîné à boire. Non seulement cela coûte cher et grève lourdement le budget du ménage, mais les liquides absorbés par les hommes au cabaret les rendent malades, bien souvent même mauvais et méchants, ils deviennent des alcooliques. Voyez combien j'ai raison, par conséquent, en faisant mon possible pour vous transformer en de bonnes petites ménagères.

Travailler avec intelligence, discerner entre les besognes, distinguer celles qui sont de première nécessité et leur subordonner les autres, faire usage de raisonnement et de jugement, apprendre en un-mot à mesurer l'effort au but, voilà quel doit être l'objectif de la femme.

Rôle de la mère dans le développement de l'enfant. Mais la femme n'a pas seulement à s'occuper de l'administration de ses propres richesses, de la répartition de ses propres ressources. Elle doit encore veiller aux ressources, aux richesses intellectuelles, morales et physiques de ses enfants et pour eux, comme elle l'a fait pour elle-même, viser à un développement harmonieux de tout l'individu.

C'est le rôle de la mère de surveiller les devoirs et les leçons. Il ne suffit pas cependant qu'un enfant fasse ses devoirs, apprenne ses leçons, puis s'en aille jouer. Les enfants ont besoin de s'amuser, cela est vrai ; mais, moins ils sont inoccupés moins ils font de sottises. Un changement d'occupation peut souvent pour eux équivaloir à un jeu.

Profitez-en pour leur donner une éducation pratique et manuelle. Au lieu de les laisser vagabonder par les rues, chargez-les d'une course ayant un but déterminé : développez en eux le sentiment de la responsabilité en leur confiant quelques besognes un peu sérieuses, intéressez-les à quelque travail manuel ; ils ont des mains, faites votre possible pour qu'ils arrivent à s'en servir avec habileté. Une femme et un homme intelligents doivent à eux deux, en cas de besoin, savoir remplacer les ouvriers de tous les corps d'état. Plutôt que de donner aux enfants des sous pour acheter des gâteaux, du sucre d'orge, achetez-leur petit à petit des outils : marteau, pinces, clous, etc. qui leur permettront de vous rendre maint petit service dans la maison : ils en seront fiers et y prendront autant de plaisir qu'à une récréation différente.

Une mère intelligente peut d'ailleurs facilement arriver à faire envisager par l'enfant comme une récréation ce qu'un autre considère comme une tâche fastidieuse. Je connais une maman qui dit couramment à sa petite fille ou à son petit garçon : « Si tu es sage, je te permettrai de trier avec moi ces pois ou ces lentilles ; je te permettrai de balayer cette chambre, d'arroser ce carré, de porter cette lettre à la poste.... » Sentez-vous sa façon de procéder? Au lieu d'être une obligation, avec elle le travail devient une récompense. — Et le résultat, c'est que jamais ses enfants ne sont inactifs ;

ils connaissent ce que tant de grandes personnes ignorent : la joie du travail, le bonheur d'agir; eh! certes ils s'amusent eux aussi, mais ils s'amusent d'une façon spéciale et infiniment plus élevée que leurs petits camarades, dont l'unique désir est d'échapper à la tyrannie des tâches imposées, pour polissonner sans but. Courir, sauter, grimper, contribue puissamment au développement des organes; pourtant, inspirer aux enfants l'amour de l'effort utile ne les empêchera pas de courir, de grimper, de sauter en temps et lieu. La seule différence c'est qu'ils apprendront à ne pas réserver au jeu toute leur énergie et qu'ils sauront aussi garder une part de leur activité pour des distractions plus sérieuses.

Résumé.

L'*ordre moral* repose sur l'observation de deux principes : chacun à sa place et le respect de l'individualité de tous. — Le père et la mère ayant des devoirs égaux ont des droits équivalents; cependant, dans certaines circonstances, la femme doit savoir se soumettre. — Les enfants doivent obéissance à leurs parents; tous, étant membres d'une société, nous devons observer les lois qui régissent cette société.

Nous devons respecter les affections, les pensées, les croyances de nos semblables, même quand nous ne les partageons pas.

L'*ordre intellectuel* est l'harmonie entre nos diverses facultés. — Des résolutions prises par notre esprit naît notre *activité.* — L'activité doit être pondérée, constante et mesurée. — La femme ne veille pas seulement au développement harmonieux de toutes ses aptitudes, elle doit encore se préoccuper du développement complet des facultés physiques, morales et intellectuelles de ses enfants.

Il faut donner aux enfants le goût du travail manuel. — La joie au travail engage à l'action. — Il ne faut pas se laisser absorber par une faculté unique, mais donner à chaque occupation l'importance qui lui convient. — Jamais la mère ne doit rester inactive, toutefois sans oublier qu'elle est la société du père et la conseillère des enfants.

CINQUIÈME LEÇON PRATIQUE

Soupe aux légumes (julienne). — Les rôtis.

SIXIÈME LEÇON

DE LA PROPRETÉ

De la propreté. Comme l'ordre et l'activité, la propreté doit régner dans toutes les maisons : elle est un besoin du riche et le luxe du pauvre, *c'est la condition indispensable d'une bonne hygiène.* Le linge maculé, les parquets malpropres, les meubles poussiéreux sont autant de réceptacles à maladies de toutes sortes. Croiriez-vous que les Allemands et les Anglais ont appelé la fièvre typhoïde *Schmutz-Krankheit* et *filthdisease,* ce qui veut dire maladie due à la malpropreté? Et si le choléra n'a pas été qualifié de la même manière, on a cependant remarqué qu'il se propageait de préférence dans les villes les moins bien tenues. Vous aurez beau suivre des cours de cuisine, jamais vous ne préparerez de bons mets dans des ustensiles mal récurés ; la première condition pour préparer de bons aliments, c'est de les préparer avec soin et avec la plus exquise propreté. Mieux vaut un plat de morue et de pommes de terre délicatement confectionné, que la préparation culinaire la plus recherchée si elle a été cuisinée par une personne aux mains sales et dans des récipients douteux. Mais ce n'est pas seulement sur notre hygiène et sur notre appétit que la propreté exerce une action directe, *elle est un indice moral,* elle agit sur l'âme.

Qui dit mains nettes ne dit pas toujours conduite irréprochable, cependant le goût et l'habitude de la propreté matérielle me semblent rendre plus pénibles, et par cela même moins fréquentes, certaines malpropretés morales.

Écoutez ce que disait à ce sujet M. Couat, recteur de l'Académie de Bordeaux : « Dans les maisons pauvres la propreté est une vertu, une vertu qui est, pour ainsi dire le signe, la consécration de toutes les autres. Ajouter à l'effort de tous les instants qu'exige le besoin de vivre l'effort nécessaire pour tenir propre la maison, les vêtements, le corps lui-même, ce que l'on voit aussi bien que ce que l'on ne voit pas, cela demande une persévérance qui est à elle seule l'indice d'une âme nette et saine, et qui a le sentiment de sa dignité.

« ... Rien n'est négligeable quand il s'agit de former la moralité de l'enfant ; cette moralité se constitue lentement, elle est faite de mille habitudes contractées jour par jour, heure par heure, au contact de la vie et des hommes. De même que les membres de l'enfant prennent peu à peu certaines attitudes dont il sera difficile de le corriger plus tard, de même son âme prend tels ou tels plis qui ne s'effaceront plus. Le façonner dès le plus jeune âge à la propreté, c'est lui donner un de ces plis heureux qui rendent plus facile l'exercice de l'honnêteté. La propreté physique n'est point, tant s'en faut, la garantie de la propreté morale ; elle y prépare pourtant et elle en est souvent l'image. »

Il faut inspirer à l'enfant l'horreur des taches, de tout ce qui n'est pas irréprochable et le respect de tout ce qui est propre. Car il est certain que si *nettoyer est bien, ne pas salir est mieux*. Rarement, pour ne pas dire jamais, les personnes qui salissent à tort et à travers, tout en nettoyant continuellement, arrivent à avoir un intérieur vraiment propre.

C'est vous, mes enfants, qui devez, sous ce rapport comme sous tant d'autres, donner le bon exemple et de bonnes habitudes à vos petits frères, à vos petites sœurs. Les enfants, me dira-t-on, s'habituent difficilement à l'eau, ils pleurent lorsqu'ils voient qu'on veut les débarbouiller. Ceci ne fait pas l'éloge des mères, et prouve tout au plus qu'elles n'agissent pas avec douceur et que leur propreté est seulement *intermittente*. Un enfant qui a l'habitude d'être propre souffre lorsque, accidentellement, les soins qu'on lui donne sont négligés. Un exemple vous en convaincra mieux que tous les raisonnements : Je connais un petit garçon de deux ans et demi, un très bon enfant, intelligent et sensible. C'est sa maman qui tous les soirs le met elle-même au lit comme doivent le faire toutes les mamans, elle lave son fils bien proprement avant de le coucher. Cependant il y a quelque temps, la maman ayant donné à dîner ne put elle-même coucher son bébé, ce fut sa bonne qui fut chargée de ce soin. Malgré ses invités, cette dame alla voir rapidement ce que faisait son enfant. Elle le trouva tout en larmes. Étonnée, car d'habitude il est fort gai, elle lui demanda ce qu'il avait. L'enfant tout d'abord ne put répondre tant il sanglotait, puis : « Maman, Emma me couche sans me laver tout à fait. » Habitué à une toilette complète, le pauvre bébé se trouvait diminué en restant à moitié sale. Ce même enfant pleurait un autre jour parce qu'une bonne voulait lui mettre une chemise qui n'était pas d'une propreté irréprochable ; et sa petite sœur se désolait parce qu'on voulait l'obliger à se chausser d'un bas troué. — Vous voyez donc bien que l'ordre et la propreté peuvent s'inculquer aux enfants, mais qu'il faut pour arriver à un résultat sérieux commencer dès la plus tendre enfance.

La propreté autour de nous. Puisque la propreté est chose si nécessaire, nous allons voir ensemble comment on s'y prend pour être propre. Parlons d'abord de la propreté de ce qui nous entoure : la propreté de l'habitation.

L'habitation comprend, au point de vue du nettoyage, *le plancher*, *les parois*, et, ce qui est compris entre ces parois, *l'air ambiant*. Pour qu'une habitation soit parfaitement propre, il faut que ces trois éléments soient bien nettoyés. Comment faut-il procéder pour arriver à ce résultat?

Les planchers. Souvent, en passant dans la rue, je vois des ménagères armées d'un balai et d'un seau qui, avec une énergie extraordinaire, envoient à l'extérieur l'eau qu'elles ont jetée sur leur parquet. Lorsqu'elles ont terminé leur besogne, leur appartement a de vagues ressemblances avec un lac, longtemps il reste humide et souvent, le lendemain, il y a encore des flaques d'eau dans certaines dépressions. Elles se sont bien fatiguées, ont-elles fait de la bonne besogne?

Les entrevoûts. Vous savez, sans doute, qu'entre les planchers et les plafonds il existe un vide qu'on appelle entrevoûts; cet espace est comblé par des débris de toutes sortes. Lorsque les lames du plancher ne sont pas très serrées et laissent des interstices, la poussière passe par ces intervalles et s'accumule dans les entrevoûts. Or c'est dans les poussières que se trouvent les éléments de toutes sortes de maladies, ce qu'on appelle des microbes; ce qui leur manque pour qu'ils puissent se développer avec rapidité, c'est de l'humidité. Mais voici notre ménagère qui arrive avec son seau d'eau; elle en répand le contenu sur le plancher, abondamment; l'eau passe par les fentes et voilà l'humidité que réclamaient les microbes. Aussi les entrevoûts, dans certains endroits, renferment-ils autant d'éléments fermentescibles que le fond d'une fosse d'équarrissage! Éléments qui aident au développement des pneumonies, des fièvres typhoïdes, de la phtisie pulmonaire, de la tuberculose. Tous de terribles hôtes, comme vous le voyez. Que faut-il donc faire pour que le plancher soit propre et bien entretenu? Il faut tout d'abord boucher bien hermétiquement toutes les fissures qu'il peut présenter au moyen de mastic, puis le laver en le mouillant le moins possible ou, ce qui est mieux, le cirer. La mère étend l'encaustique[1] sur le parquet au moyen d'un chiffon propre, le samedi soir, et, le dimanche, le père brosse rapidement la chambre. Tout le monde est content, cela donne à la pièce un air tout pimpant. Je ne crois pas que cela revienne beaucoup plus cher que de laver avec de l'eau et du savon, et l'on évite ainsi l'humidité qui est une des plus grandes ennemies de l'homme. Depuis quelque temps on préconise

un autre procédé de nettoyage; il consiste à paraffiner les planchers. On fait fondre la paraffine, on l'étend très chaude sur le plancher à l'aide d'un pinceau. Les planchers deviennent ainsi aussi polis que s'ils étaient en marbre. Il suffit d'un linge humide pour en enlever la poussière ou les taches. Cela présente un autre avantage : l'absence de toute poussière, car la ménagère doit toujours viser à *faire le moins de poussière possible*. C'est pourquoi aussi les planchers en chêne sont préférables aux planchers en sapin.

Enfin, dans le Midi de la France et en Allemagne, après avoir mastiqué les fentes du plancher, on le peint. Il suffit d'un linge humide pour l'approprier; mais il faut le repeindre au moins une fois tous les ans.

1. Pour préparer l'encaustique, voir page 52.

Les parois. Les parois de la chambre, les murs, se couvrent eux aussi de poussière, et, par conséquent, de germes de toute sorte. Aussi le mieux serait de ne jamais les tapisser, mais de les nettoyer simplement avec un lait de chaux. Tous les ans, au printemps, le père, qui sait très bien blanchir la chambre lui-même, passe un lait de chaux sur les murs, surtout sur ceux de la cuisine, et voilà l'appartement absolument propre. C'est comme si l'on avait fait la lessive des pièces. Ce mode de nettoyage n'offre qu'un seul inconvénient : c'est que la chaux s'effrite petit à petit et donne assez de poussière dans l'appartement. On évite cet inconvénient en peignant les murs à la colle, ce qui ne coûte guère plus cher et permet de leur donner les teintes les plus diverses. Quant aux *vitres*, elles sont lavées avec une flanelle ou une éponge imbibée d'eau tiède additionnée de quelques gouttes d'ammoniaque; lorsqu'elles sont ternes, on les polit avec de vieux journaux.

L'air ambiant. Ce n'est pas tout encore : les parois qui limitent la pièce étant bien nettoyées, il faut que nous nous occupions de l'air qui est emmagasiné entre ces parois. Cet air, si indispensable à notre vie, se souille, lui aussi, et, si nous ne le nettoyons pas, nous sommes exposés à respirer de l'air sale et usé qui, très malsain pour les grandes personnes, l'est encore plus pour les enfants.

Comment le souillons-nous? Mais de mille manières. Vous savez que l'air est formé d'oxygène et d'azote et qu'en respirant nous brûlons cet oxygène, origine de la chaleur animale. Lorsque donc nous aspirons de l'air, il est plus riche en oxygène que lorsque nous l'expirons. L'oxygène brûlé par nous est remplacé par de l'acide carbonique, un gaz irrespirable qui, accumulé en trop grande quantité, finit par asphyxier les animaux et les hommes qui le respirent ; et de nos poumons s'exhalent encore beaucoup d'autres produits mauvais qu'il serait trop long d'énumérer ici. Voilà donc une première cause de souillure : *la respiration.* Il en est une autre qui vient s'ajouter à la première pour élever encore la quantité de gaz carbonique produit. C'est la combustion de *nos foyers.* Eux aussi ne peuvent brûler que si on leur donne de l'oxygène et ils rendent à la place de l'oxygène qu'ils consument une quantité déterminée d'acide carbonique et d'oxyde de carbone, gaz encore plus redoutable que le premier, puisque c'est un véritable poison. Vous apprendrez (leçon sur l'éclairage) qu'une bougie consomme autant d'oxygène qu'un homme : les *lumières* sont donc aussi une cause de souillure. Vous savez que notre épiderme se renouvelle sans cesse et que l'ancien épiderme se détache de nous sous forme d'écailles et de poussières. Tous ces débris sont en suspension dans l'atmosphère. Notre *peau* donne lieu à des exhalaisons de toutes sortes par la *perspiration* (Gaultier). Lorsque vous venez de la rue, vos semelles de souliers, vos vêtements, apportent dans l'intérieur toutes sortes de boues et de poussières qu'ils ont recueillies dehors et qui viennent se mêler à l'atmosphère de l'appartement.

Respiration, foyers, lumière, peau, etc., voici les agents qui souillent l'air et voilà pourquoi il faut songer à le nettoyer souvent et très sérieusement. *Or, on ne peut le nettoyer qu'en le renouvelant.* Pour cela, que faut-il faire ? Ouvrir souvent, ouvrir largement les portes et les fenêtres. Ce n'est que par les *courants d'air* que l'on arrive à purifier l'air complètement. Ne louez jamais une chambre qu'on ne puisse aérer complètement, qui n'ait pas d'ouvertures opposées.

Pour purifier l'atmosphère, nous avons en outre un auxiliaire précieux : le soleil. Ce sont ses rayons qui détruisent les germes malsains, qui oxydent les éléments de fermentation. Ne laissez pas se perdre un seul rayon de soleil, qu'il pénètre librement dans vos demeures, qu'il s'y étale, qu'il aille dans les coins les plus reculés. Là où entre le soleil, dit un vieux proverbe persan, le médecin entre rarement, et c'est la vérité : le soleil et l'air sont les deux meilleurs amis de l'homme.

Résumé.

La *propreté* est la condition indispensable d'une bonne hygiène, elle est souvent un indice moral. — Il faut habituer les enfants à la propreté dès leur plus jeune âge. — Pour nettoyer les habitations, il faut d'abord approprier le plancher, les parois et l'air ambiant. — Deux choses sont surtout à éviter lorsqu'on procède au nettoyage : *l'humidité et la production de poussière*; c'est pourquoi il ne faut pas épousseter les meubles avec un plumeau, mais les essuyer avec un linge. — L'air et la lumière sont les meilleurs amis de l'homme.

SIXIÈME LEÇON PRATIQUE

Épaule de veau farcie : préparation simultanée de la soupe, de la viande et du légume.

SEPTIÈME LEÇON

DE LA PROPRETÉ (Suite)

Sommaire. — Entretien des meubles et de la literie. — Entretien et organisation de la cuisine. — Nettoyage des ustensiles de cuisine.

Entretien des meubles et de la literie.

Notre chambre est bien propre, le sol, les murs, l'air ambiant, sont en parfait état; il nous faut maintenant nettoyer ce qui se trouve dans la chambre, les meubles et la literie.

Est-il nécessaire de vous dire que, lorsque la chambre est bien balayée, il faut éloigner soigneusement toute trace de poussière au moyen d'un linge, ou, ce qui vaudrait mieux, d'un chiffon de laine. Gardez-vous surtout des *plumeaux*; la poussière qu'ils enlèvent d'un côté ils la rejettent de l'autre, ce sont de mauvais ustensiles, bons seulement pour les ménagères paresseuses.

Une femme habile doit savoir réparer un petit accident arrivé à un meuble. Supposez que dans un déménagement une commode ou une armoire ait reçu un choc violent; pour faire disparaître la contusion, il suffit d'appliquer dessus un morceau de papier joseph plié en plusieurs doubles et imbibé d'eau chaude. Passez sur ce papier un fer chaud jusqu'à ce que toute humidité ait disparu. Si une première opération ne suffit pas, recommencez-la. — Si vous voyez une tache blanche sur un meuble verni, approchez-en simplement

1. Balayée ou, ce qui est mieux, épongée avec un linge humide.

une assiette chauffée. — Des meubles tachés de sirop, de liqueurs ou de limonade, sont facilement remis en état avec une décoction tiède de marc de café. — Le pétrole nettoie aussi très bien les bois vernis, mais il faut s'en servir avec précaution.

Tous les meubles cirés doivent être cirés de nouveau de temps à autre; défendez à vos petits frères, à vos petites sœurs, de poser leurs pieds sur les barreaux des chaises, les traverses des tables, cela leur donne de suite

BROSSE
POUR LES MEUBLES

un aspect peu net. — Le meilleur procédé pour préparer de l'encaustique, que ce soit pour les parquets ou pour les meubles, consiste à découper une partie du pain de cire en fines lamelles que l'on recouvre d'essence de térébenthine; on obture l'orifice du récipient pour éviter l'évaporation de l'essence; le lendemain, le tout forme une pâte que l'on étend sur les objets à cirer au moyen d'un chiffon de laine bien propre, puis on frotte vigoureusement. — Il ne faut jamais chauffer ce mélange qui est très inflammable; souvent en ne tenant pas compte de cette observation, on a causé de graves accidents, des brûlures entraînant la mort.

Le lit demande des soins particuliers. Tous les jours, il faut exposer la literie à l'air, voire même au soleil, le plus longtemps possible; et cela est surtout vrai pour la literie des tout petits; dès qu'ils n'occupent pas leur berceau, il faut tout mettre dehors, matelas, traversins et couvertures. — Une fois par an il faut refaire es matelas, battre la laine et le crin qui les composent afin de les purifier de tous les miasmes, de les débarrasser de la poussière qu'ils ont emmagasinée. C'est un mauvais procédé que de coucher dans des lits de plume, ils donnent trop chaud, affaiblissent et amollissent. Même les *oreillers* de crin animal sont meilleurs que les autres, à condition de les refaire de temps à autre. Les oreillers de plume doivent être souvent exposés aux rayons du soleil. Les *paillasses*, surtout les paillasses de paille de froment doivent être proscrites, il faut les remplacer par des sommiers ouverts pouvant être facilement nettoyés, chose impossible pour la paille des paillasses, à moins qu'on ne la renouvelle, ce qui arrive rarement. Un lit propre et sain est d'une importance énorme pour la santé des individus. Que nous reste-t-il dans la chambre qui n'ait été passé en revue? Les peintures des portes et fenê-

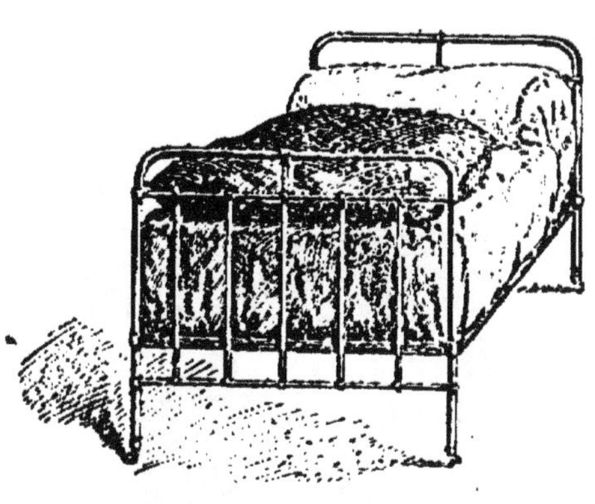

tres, que les mains sales finissent par tacher. Pour enlever les taches de graisse sur la peinture claire il est un excellent moyen, c'est de les enduire d'une pâte formée de blanc d'Espagne mélangé à de l'eau chaude, on laisse sécher et on frotte ensuite jusqu'à ce que le tout soit enlevé; on peut aussi les lessiver avec un peu d'eau contenant des cristaux de carbonate de soude.

La cuisine. Passons maintenant à la cuisine.

Les parois se nettoieront, commes celles de la chambre, mais l'air en est bien plus souvent souillé. Pour le conserver dans des conditions respirables, il faudra autant que possible éviter les causes qui le corrompent : ce sont d'abord les produits de la combustion et les vapeurs qui se dégagent des aliments; nous nous en débarrasserons en plaçant nos foyers, de quelque nature qu'ils soient, sous de larges *hottes*. On appelle ainsi des sortes d'auvents qui s'avancent au-dessus du fourneau; une prise d'air située à l'intérieur de la hotte amène au dehors les émanations qui se dégagent du foyer et des prépara-tions culinaires.

Les débris ménagers, si nombreux même dans les familles modestes, sont une autre cause de viciation

FOURNEAU SURMONTÉ D'UNE HOTTE

de l'air. Il faut les éloigner le plus vite possible. Chaque fois que le récipient qui les a reçus est vidé, il faut avant de le remettre à sa place le laver et le brosser avec soin. Aussi la nature du panier à déchets n'est-elle pas indifférente ; ne le prenez pas en bois, le bois s'imprègne de tous les liquides, de toutes les par-celles d'aliments, il fermente et pourrit rapidement en répan-dant une odeur dé-sagréable. Des réci-pients en faïence ou en porcelaine se-raient l'idéal : mal-heureusement ils sont un peu trop fragiles ; on prend donc de préférence des corbeilles en fer-blanc.

Enfin le tuyau de l'évier est en général une commu-nication directe entre l'appartement et l'égout : de là des émanations nauséabondes. Qui d'entre nous n'a senti l'odeur particulière qui règne dans les cuisines même les mieux tenues, la nuit, par exemple. Cette odeur détestable vient de l'égout; elle vicie l'air, et, si elle n'offre pas un danger immédiat pour les indivi-dus, elle ne peut à la longue que les débiliter, les pré-disposer à contracter faci-lement des maladies épidé-miques; et ceci est surtout vrai pour les personnes qui couchent dans leur cuisine. Or, cela est d'autant plus regrettable qu'il existe un moyen très simple d'éviter tous les inconvénients qui peuvent résulter de la com-munication avec l'égout : il suffit de munir la partie supérieure du conduit qui déverse les eaux à l'exté-rieur d'un siphon, et chaque

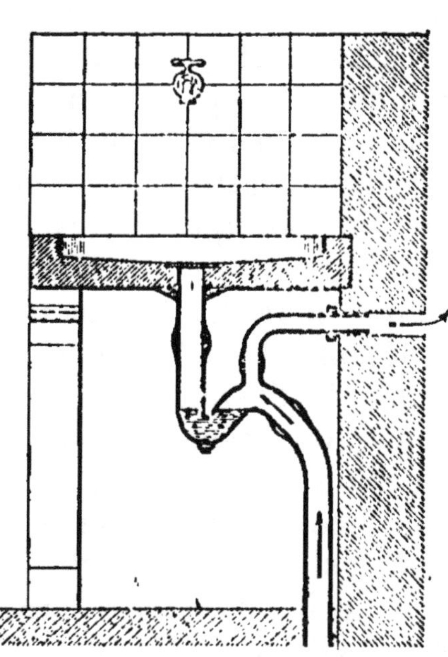

UN ÉVIER
AVEC UN OBTURATEUR SIPHOÏDE

fois qu'on a lavé la vaisselle de faire suivre l'eau sale d'une bonne quantité d'eau claire; cette eau forme un véritable bouchon dans le siphon, elle s'oppose absolu-ment à l'intrusion des gaz de quelque nature qu'ils soient.

Toutes les ménagères devraient exiger de leurs pro-priétaires des *obturateurs siphoïdes*; je dirai plus : le conseil d'hygiène devrait les prescrire absolument.

Ayant pris toutes ces précautions, ayant d'un autre côté la possibilité d'aérer la cuisine par un courant d'air, il ne nous reste plus qu'à nous occuper des détails. En géné-ral les cuisines sont carrelées, le carrelage se nettoie natu-rellement avec de l'eau, du savon noir et une brosse en chiendent; pour enlever

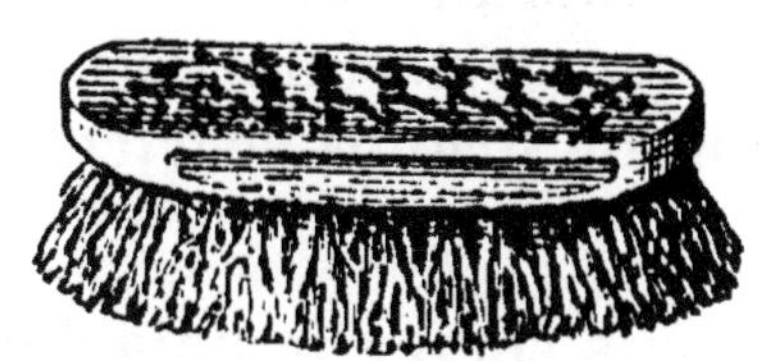

BROSSE EN CHIENDENT

facilement les taches de graisse, il faut ajouter quelques cristaux de soude à l'eau.

Un fourneau bien propre voilà qui a une importance énorme pour la ménagère; quand le feu marche bien, tout va bien. Il faut autant que possible nettoyer au moins deux fois par semaine l'intérieur du fourneau à charbon ou du fourneau à gaz; le temps qu'on emploie ainsi est vite rattrapé et, pour les fourneaux à gaz en particulier, lorsque toutes les petites ouvertures sont débouchées, il y a économie de combustible. Une fois l'intérieur du fourneau bien propre, la chaudière complètement vidée, lavée et remplie d'eau fraîche, passons à l'extérieur. Pour noircir les fourneaux *de fonte*, on mélange une cuillerée de vinaigre avec de la mine de plomb et un peu de sucre, et on frotte les surfaces vigoureusement. Les garnitures d'*acier* humectées d'huile ou de pétrole sont frottées à la toile émeri, *les cuivres* mouillés d'un peu d'ammoniaque, s'ils sont ternes, et frottés avec du tripoli. Il ne faut les nettoyer au vinaigre que lorsqu'ils sont vert-de-grisés; différemment, ils se ternissent de suite. Les *pelles* et les *pincettes de fer* sont frottées au papier ou à la toile émeri, et recouvertes d'une légère couche de graisse.

Puis vient le nettoyage des casseroles et de tous les ustensiles de cuisine. Pour remettre à neuf les objets *de zinc* on peut les faire tremper dans l'eau qui a servi à dessaler la morue, on les fait ensuite sécher devant le feu. A défaut de cette eau, on peut les frotter de savon minéral. Pour frotter le fond des casseroles, il existe des sortes de petits pinceaux en chiendent qui rendent de grands services.

Ne vous servez jamais d'ustensiles de fer-blanc neufs avant d'y avoir fait chauffer de l'eau. Le *fer-blanc* se nettoie très bien avec un mélange de blanc d'Espagne, d'huile et de cendres.

Comment on doit laver la vaisselle. Toutes les ménagères ne savent pas laver la vaisselle : je dirai même que presque toutes s'y prennent de manière peu pratique. Ayez sur l'évier deux récipients assez grands, terrines, bassines ou baquets, à votre gauche la vaisselle sale. Trempez la lavette dans la première bassine qui contient de l'eau carbonatée et chaude, appuyez l'objet à laver sur le bord de l'évier, lavez-le, puis plongez-le dans la seconde terrine qui ne renferme que de l'eau fraîche, eau qui se renouvelle sans cesse, grâce au robinet placé au-dessus, mettez ensuite l'objet à égoutter [1]. Ce procédé pratique permet de laver toute la vaisselle avec de l'eau propre; il n'en est pas ainsi lorsqu'on plonge complètement les plats ou les assiettes dans la première bassine, et cela même en renouvelant l'eau assez souvent, ce qui revient plus cher.

Lorsque l'un des membres de la famille est malade, la vaisselle qu'il salit doit être mise à part et *bouillie* durant 40 à 50 minutes.

On commence la vaisselle par les couverts. Les couteaux ne doivent jamais être plongés dans l'eau, on essuie simplement les lames avec un linge propre, puis on les passe sur la planche à couteaux.

Une bonne ménagère n'a jamais beaucoup de vaisselle à laver à la fois, elle s'arrange le plus possible pour la laver à mesure qu'elle la salit; de cette manière sa cuisine est toujours dans un ordre parfait.

---

1. Lorsqu'on est dans l'obligation d'économiser l'eau, le plus simple est de prendre aussi de l'eau chaude pour rincer la vaisselle.

Les carafes sont rincées avant chaque repas avec des coquilles d'œuf écrasées ou, à leur défaut, avec quelques grains de plomb. — Pour ce qui est de l'entretien de la batterie de cuisine, je ne puis que vous répéter ce que je vous ai déjà dit dans notre dernière leçon : il vaut mieux ne pas salir que nettoyer. Ainsi, jusqu'à ces dernières années, l'orgueil des maîtresses de maison riches ou modestes était dans une batterie de cuisine bien brillante, bien étincelante, exposée le long des murs. Dans bon nombre de ménages, on n'employait jamais les casseroles de cuivre ainsi exposées, elles ne servaient qu'à l'ornementation de la pièce et... à donner un peu de travail supplémentaire.

Je crois bien plus pratique, lorsque cela est possible, de suspendre toute la batterie de cuisine à l'intérieur d'un placard, mise ainsi à l'abri des mouches, de la poussière, des émanations du gaz; elle se ternit moins vite, et il en résulte une économie de nettoyage, ou, pour mieux dire, de temps, très appréciable.

Quelles sont, me direz-vous, les casseroles qu'il faut préférer? Tout d'abord des casseroles à fond épais : elles vous aideront puissamment à bien réussir sauces, étouffés, soupes, etc. Lorsque le fond de la casserole est mince, il se gondole sous l'action de la chaleur et la casserole est bientôt usée; de plus, les aliments trop rapidement chauffés brûlent et sont par conséquent immangeables. Pour un ménage modeste, ce sont les casseroles de fonte avec une ou deux casseroles émaillées pour faire cuire les laitages qui doivent faire le fond de la batterie de cuisine. On pourra y ajouter un chaudron de cuivre non étamé pour la préparation des confitures et de la graisse.

L'arrangement d'une cuisine dépend un peu du goût personnel de la ménagère et des habitudes de chaque intérieur. Cependant, certains principes généraux doivent s'appliquer partout : toutes les substances dangereuses ou d'une odeur désagréable, comme l'essence, l'eau de Javelle, l'eau de cuivre, le pétrole, etc..., doivent être placées hors de la portée des enfants, dans un coin d'armoire qui leur est spécialement réservé. Les bouteilles contenant ces substances seront munies d'une étiquette rouge.

Le dessus de la cheminée est en quelque sorte, au point de vue du décor, l'endroit important de la cuisine; c'est là que vous pourrez, par exemple, ranger en bon ordre, dans des bocaux bien propres ou dans des boîtes en fer-blanc bien étincelantes, le thé, le café, le sucre, la farine, etc., et, afin de l'avoir sous la main, lorsqu'on est au fourneau, le pot de Liebig qui, dans plus d'une circonstance, peut rendre de très réels services, soit en corsant les sauces, soit en facilitant l'assaisonnement des restes de viande ou en permettant la confection rapide d'un excellent bouillon.

Plus loin, un peu à l'abri des regards, les balais, les brosses; suspendus à des clous, les torchons qui servent à épousseter les meubles, à essuyer les glaces et les vitres. Le mieux, lorsqu'on possède un petit coin, dessous d'escalier ou autre, c'est d'y loger tout ce qui sert au nettoyage et d'en débarrasser ainsi la cuisine.

Tableau des nettoyages. — Trois fois par jour : laver la vaisselle salie aux trois repas, et balayer la cuisine ou la pièce dans laquelle ces repas ont été pris.

Une fois par jour : passer un linge mouillé sur les carreaux de la cuisine.

Deux fois par semaine : bien laver la cuisine.

Une fois par semaine : ranger les armoires de la cuisine, laver les étagères, nettoyer le fourneau, fourbir les cuivres ; dans les appartements, cirer les parquets, laver les glaces, les dessus de marbre et les vitres, etc.

Une fois par mois, au moins : battre les rideaux, les tapis et les meubles rembourrés.

Au printemps et en automne : descendre les tableaux, les nettoyer complètement, changer les papiers qui recouvrent le dessus des armoires.

Une fois par an (au printemps de préférence) : lessiver les peintures, carder la laine des matelas, refaire les oreillers, nettoyer les pelles, les pincettes, etc., les graisser et les mettre de côté jusqu'à l'automne.

Résumé.

Une femme habile sait réparer un petit accident arrivé à un meuble. — Il faut, de temps à autre, cirer et nettoyer les meubles. — Exposez le plus souvent possible la literie à l'air ou, mieux encore, aux rayons du soleil. — Un lit propre et bien aéré a une influence excellente sur la santé de son propriétaire.

La première condition pour éviter que l'atmosphère d'une cuisine se vicie, c'est de supprimer toutes les causes qui tendent à la corrompre : émanations du foyer, de l'évier, des mets en préparation, des déchets ménagers, etc. — Le carrelage de la cuisine se nettoie avec une brosse, de l'eau et du savon. — Les appareils de chauffage doivent être d'une propreté parfaite. — Chaque ménagère doit savoir laver et nettoyer la vaisselle et les ustensiles de ménage ; l'arrangement de la cuisine dépend du goût de la ménagère. — Les nettoyages s'effectueront avec ordre.

SEPTIÈME LEÇON PRATIQUE

Soupe aux choux : préparation de la soupe, des légumes, de la saucisse et du salé.

HUITIÈME LEÇON

DE LA PROPRETÉ (Suite)

Sommaire. — Comment nettoyer et détacher les vêtements. — La lessive. — Moyens anciens et moyens nouveaux d'approprier le linge.

Les vêtements et le linge. La lessive. Les vêtements qui nous couvrent doivent toujours être d'une propreté parfaite. Une bonne ménagère redoute les taches à l'égal des déchirures, elle fait son possible pour que ses vêtements et ceux de ses enfants en soient toujours indemnes. Elle a, pour arriver à ce résultat, deux moyens : 1° Il faut qu'elle n'achète que des vêtements pouvant se laver facilement; 2° elle doit connaître les principaux procédés qui permettent de nettoyer et de détacher les vêtements de laine.

En été, le père, la mère, les enfants, ne porteront que des vêtements de percale, de cretonne; en hiver, il existe des tissus de coton qui sont épais et lavables : si, pour une raison ou pour une autre, on a été obligé de leur préférer des étoffes de laine[1], il faut s'arranger de façon à les préserver des causes de souillure. Les femmes et les jeunes filles, en les recouvrant d'un tablier ou d'une blouse de cotonnade; les hommes, en mettant par-dessus un pantalon, une veste de coton qu'il est facile de laver.

Dans un ménage bien tenu, la mère donne à tous, le samedi soir, du linge bien propre, elle passe en revue les vêtements de dessus devant être lavés et les met

1. Il est certain que, tout en étant moins lourds, les vêtements de laine sont plus chauds que les vêtements de coton.

de côté soigneusement. Si elle n'a pas de quoi les remplacer le lundi, c'est le samedi soir qu'elle les savonne et le dimanche qu'elle les repasse pendant que l'on a les habits des jours fériés. Toutefois, ce procédé est peu recommandable : trop hâtivement mis en état, les habits laissent toujours à désirer sur l'un ou l'autre point. Somme toute, les vêtements de coton ne revenant pas cher, il est plus économique d'en avoir de rechange. De cette manière, la mère peut, le lundi, en lavant le linge, laver aussi les costumes. Il y a là économie de temps, de peine, et de matière première.

La lessive. Le savonnage peut être simple ou complet. 1° Le *savonnage simple* est celui qui comprend les robes de couleur, les bas, les mouchoirs : en un mot, tous les objets qui n'ont pas absolument besoin de bouillir ou que cette ébullition pourrait faner et décolorer.

On met le linge à tremper le dimanche soir, par exemple, le lundi on le savonne, on le détache, on entasse le linge essangé dans une corbeille; l'après-midi, on va à la rivière ou au lavoir le laver et le rincer.

2° *Le savonnage complet.* La ménagère peut s'arranger pour ne faire ce grand savonnage que tous les quinze jours, ou même toutes les trois semaines, à condition de bien soigner le linge sali, de le suspendre en un lieu sûr et à l'abri des souris.

Vingt-quatre heures à l'avance, elle met le linge à tremper dans deux cuviers différents : l'un pour le linge le plus grossier, le linge de cuisine, l'autre pour le linge plus fin. — L'eau de pluie vaut mieux que l'eau des puits. — Le lendemain, elle essange, elle savonne bien chaque pièce sur une sorte de banc s'appuyant d'un côté par deux pieds sur le sol, tandis que son autre extrémité vient s'appuyer sur la cuve; au fur et à mesure, elle met les pièces savonnées dans un cuvier

UN PETIT BANC DE SAVONNEUSE

percé d'une ouverture à sa base, ouverture par laquelle l'eau de savon s'écoule. Elle a arrangé son linge de façon que les draps soient dans le fond, le linge fin au milieu, et le linge grossier de cuisine par-dessus. Puis elle recouvre le tout d'un vieux drap sur lequel elle verse les cristaux de carbonate de soude et un sac contenant les cendres, quelques branches de laurier et quelques racines d'iris pour parfumer le tout.

On chauffe ensuite l'eau de savon qui s'est écoulée du linge dans un chaudron; lorsque l'eau commence à être tiède, on arrose le linge avec, puis on la chauffe plus fortement, et enfin on finit par verser sur le linge de l'eau de savon bouillante. Il faut continuer cet arrosage pendant quatre, cinq ou six heures, suivant la taille du cuvier, on laisse le linge se refroidir et l'eau s'écoule durant la nuit; au matin, chaque pièce est passée en revue, lavée, rincée et azurée.

Avec une lessiveuse tout va plus vite, il y a à la fois économie de temps, de charbon et de savon. Le principe est le même, et il existe des lessiveuses à partir de 12 francs.

UNE LESSIVEUSE

Faire passer le linge à la lessive c'est le _stériliser_,

c'est-à-dire le priver de tous les germes qu'il peut renfermer; une lessive bien faite est donc un excellent moyen de désinfection, ceci grâce à la potasse et à la soude que renferment les cendres, produits qui élèvent le point d'ébullition de l'eau de 107 à 110 degrés, température suffisante pour la destruction des micro-organismes.

Les objets de couleur et la flanelle ne peuvent être lessivés, les premiers se faneraient trop et la lessive attaque et détruit les fibres de la laine.

Les femmes qui lavent le linge de personnes qu'elles ne connaissent pas, personnes qui peuvent être malades, feront bien; au lieu de mettre le linge à tremper dans de l'eau pure, d'ajouter à cette eau 2 pour 100 de *lysol* qui coûte peu et détruit les germes.

Pour laver les lainages. Pour laver les lainages, on fait dissoudre quelques cristaux de soude dans de l'eau tiède (une cuillerée par litre d'eau), on y plonge les objets à laver, on les fait glisser entre les doigts sans les frotter ou les tordre. Puis on exprime l'eau qu'ils renferment et on les plonge dans de l'eau de savon tiède. Ils y séjournent durant une demi-heure, puis on les rince dans de l'eau claire dans laquelle on a mis quelques cuillerées d'ammoniaque pour éviter qu'ils jaunissent.

Les foulards de soie lavés dans un peu d'eau de savon se repassent mouillés.

L'eau de savon qui a servi à lessiver ne doit pas être jetée, elle peut être employée à différents usages, à laver des tables de cuisine, des planches, etc.

Quant au savon, il faut autant que possible l'acheter en provision; plus il est vieux, moins il fond vite et par conséquent moins il revient cher.

Avant de mettre le linge dans le cuvier, il faut en enlever les taches.

Frotter les *taches d'encre* avec quelques feuilles d'oseille pilée ou quelques raisins verts.

Les *taches de rouille* seront recouvertes d'un peu de sel d'oseille et exposées au soleil.

Les *taches de fruits* et *de fleurs* disparaîtront grâce à des vapeurs de soufre.

Les *taches de vin* avec de l'eau de Javelle, etc.

En prenant toutes ces précautions, la ménagère aura le plaisir de serrer dans son armoire du linge bien blanc, fleurant bon, qui sera un témoignage matériel de son activité et de son mérite.

Quant aux taches qui se font parfois sur les vêtements de laine ou de soie, elles sont plus difficiles à enlever.

Quelquefois un vêtement de lainage clair peut avoir besoin d'être nettoyé en entier. Il faut alors le laver dans une eau de savon légère, mais avant il sera bon de bien savonner un petit morceau de la même étoffe pour s'assurer qu'elle ne déteint pas; si la nuance change, il faudra donner le vêtement au teinturier qui le nettoiera à sec. S'il s'agit d'un vêtement de laine sombre, on fait bouillir durant une demi-heure dans 2 litres d'eau 250 grammes de bois de Panama concassé, on ajoute l'eau nécessaire pour que le vêtement trempe en entier, on frotte doucement et l'on étend sans tordre.

Tels sont les moyens les plus simples grâce auxquels la ménagère pourra tenir les effets d'habillement nets et mettre dans une maison propre des êtres vêtus de vêtements irréprochables.

Mais tous les efforts de la ménagère ne produiront une propreté durable que si tous s'appliquent à ne pas détruire les résultats auxquels elle est arrivée au prix de pénibles efforts. Personne ne me semble plus blâmable que les enfants qui vont salir de nouveau le

NATURE DES TACHES	COTON	LAINE	SOIE
Sucre, colle, sang.....	Laver simplement à l'eau.		
Graisse.....	Eau de savon tiède.	Ammoniaque, talc.	Benzine, éther, alcool.
Vernis et couleur à l'huile.	Essence de térébenthine.		Benzine.
Stéarine....	Alcool à 95°.		
Couleurs végétales, vin, fruits....	Vapeurs de soufre, eau de chlore chaude.	Eau de savon et eau ammoniacale.	Idem.
Encre.....	Acide tartrique.	Id., si la couleur est solide.	
Rouille, encre de la noix de galle.....	Solution d'acide oxalique chaude ou d'acide chlorhydrique.	Solution d'acide citrique ou d'acide chlorhydrique.	Rien à faire.
Goudron, cambouis.....	Savon, essence de térébenthine.	Frotter avec axonge, puis bien savonner et laver alternativement avec eau et térébenthine.	
Chaux, lessive et alcalis...	Laver avec quelques gouttes d'acide azotique dilué dans l'eau.		

plancher que leur mère vient à peine de nettoyer, ou qui tachent de suite le vêtement propre qu'on vient de leur mettre ; cela dénote chez eux une véritable sécheresse de cœur, un égoïsme détestable. Lorsque les enfants et le mari rentrent, ils doivent prendre l'habitude de changer de chaussures, laisser les bons souliers de travail ou de classe et prendre des pantoufles.

Ils économiseront de cette manière des chaussures plus chères, ils auront les pieds secs et ils ne saliront pas la chambre. Si la mère a affaire à des enfants négligents, qu'elle les punisse chaque fois qu'ils se tachent ou qu'ils abîment leurs vêtements, et qu'elle les oblige à prendre certaines précautions élémentaires grâce auxquelles ils seront toujours vêtus proprement tout en lui coûtant moins cher. Ainsi, le soir, lorsque les enfants rentrent de l'école, qu'ils aident au ménage ou qu'ils font leurs devoirs, ils enlèveront leur tablier de classe et mettront celui de l'année dernière plus usé et plus fané. Il en résultera que, lorsque leurs camarades se promèneront avec des tabliers plus ou moins sales et déguenillés, eux-mêmes paraîtront toujours habillés de neuf. C'est de l'ordre et de l'ingéniosité de la ménagère que dépend l'élégance de ses enfants. Leur donner de bonnes habitudes vaut mieux vraiment que de leur laisser une fortune.

Résumé.

La ménagère achètera de préférence des vêtements qui puissent se laver facilement; cependant, elle saura aussi comment détacher les vêtements de laine et de soie.

Nettoyer, c'est bien; ne pas salir, c'est mieux : il faut donc s'ingénier pour préserver les vêtements des souillures de toute sorte. — La lessive est un excellent moyen de désinfection. — Les lainages et les tissus ayant des couleurs délicates ne doivent pas être lessivés. — Les vêtements de laine et de soie se détachent par différents procédés très simples.

C'est de l'ordre et de l'ingéniosité de la ménagère que dépend l'élégance de ses enfants.

HUITIÈME LEÇON PRATIQUE

Les roux : Soupe à la farine. — Bœuf à la mode. — Crème à la vanille.

NEUVIÈME LEÇON

DE LA PROPRETÉ (Suite).

SOMMAIRE. — *b*. LA PROPRETÉ CORPORELLE. — Entretien de la
peau, des dents, des cheveux, des ongles. — Lavages. — Les bains
comme moyens d'entretenir la propreté et aussi comme système
d'endurcissement.

La propreté corporelle. Pour que l'homme se porte bien, il faut
que tous ses organes fonctionnent libre-
ment ; il n'en est ainsi que lorsque les
conditions dans lesquelles il est placé lui conviennent.

Le plus extérieur de ses organes, c'est *sa peau*. Quel
est le rôle de la peau ? La peau est en quelque sorte
notre premier vêtement, un vêtement étrange aux
propriétés multiples. Elle nous sépare du milieu ambiant et lorsqu'elle est dans son intégrité elle nous
défend contre l'invasion de certaines maladies.
Exemple : le tétanos.

Bien plus, c'est une annexe des poumons ; nous respirons par la peau tout aussi bien que nous respirons
par les poumons ; chez quelques animaux, cette respiration est même tellement bien établie qu'on peut les
empêcher de respirer par les poumons sans amener
la mort (les grenouilles) ; elle sert aussi d'annexe aux
reins, enfin elle maintient la température du corps
humain dans de certaines limites. Il est nécessaire
que vous vous rendiez compte de cette dernière pro-
priété : quand nous avons trop chaud nous transpirons,
vous avez toutes pu l'observer ; cette transpiration en

séchant s'évapore et notre corps se refroidit en même temps parce qu'il est forcé de fournir de la chaleur pour cette évaporation. Vous connaissez toutes les cruches en terre qu'on appelle alcarazas, on s'en sert en été pour avoir de l'eau fraîche. Elles sont en terre poreuse, et par les nombreux petits trous qui se trouvent à leur surface l'eau perle en minuscules gouttelettes que l'air évapore; vous avez pu constater que l'eau qu'elles renferment est très fraîche. De même notre peau est percée de nombreuses ouvertures, les *pores*; c'est par là que sort la transpiration, et c'est cette transpiration qui en s'évaporant empêche la température de notre corps d'arriver à une trop grande élévation.

Entretien de la peau. De tout ce que je vous ai dit, vous déduisez que la peau est un organe précieux et que notre devoir est de l'entretenir en excellent état. Pour arriver à ce résultat, il est nécessaire que nous soyons d'une propreté méticuleuse, que les pores ne soient jamais bouchés. Suffit-il pour cela de se laver à l'eau claire? Non. A côté des glandes qui sécrètent la transpiration il en est d'autres qui produisent un liquide huileux; c'est lui qui rend vos cheveux brillants et parfois même un peu gras; ce liquide forme avec la poussière et les débris de la peau une véritable carapace à la surface du corps de ceux qui ne se lavent pas. Pour enlever une tache de graisse, c'est en vain que vous frotteriez avec de l'eau; ce qu'il faut, c'est du savon, et c'est là aussi ce qui est nécessaire pour débarrasser notre corps de toutes les souillures. Un lavage à l'eau simple est sous le rapport de la propreté un lavage illusoire. Voilà pourquoi dans les bains, dans les bains-douches, on donne toujours du savon. Or maintenant que vous comprenez bien de quelle utilité absolue est la propreté de la peau, je suis certaine que vous serez encore plus soigneuses que par le passé. Prendre de temps à autre un bain tiède, ce n'est pas une dépense inutile, c'est une manière d'éviter des maladies ou tout au moins des malaises, de la faiblesse et bien souvent l'anémie si répandue dans nos villes. D'ailleurs de toutes parts on s'évertue à mettre les bains à la portée de tous, on établit des bains-douches; pour quelques centimes on peut se donner le luxe de la propreté la plus parfaite.

Pour bien prendre un bain-douche, il faut d'abord se faire asperger avec une douche d'eau chaude; on se frotte ensuite le corps avec du savon, puis nouvelle douche d'eau chaude, fin du nettoyage, une large aspersion d'eau tiède et enfin pour terminer une douche d'eau froide qui resserre les pores de la peau et évite les refroidissements.

Mais ce n'est pas que les jours de bain qu'il faut perser à faire sa toilette; *tous les jours* sans exception, il faut se laver proprement : la figure, le cou, les bras, les mains, les pieds, etc.

Entretien des dents. Il faut aussi entretenir sa bouche et ses dents dans un état de propreté parfaite, cela vous évitera plus d'une visite chez le dentiste. Tous les matins brossez vos dents avec une poudre dentaire; la moins chère et la meilleure de toutes est la *craie précipitée*, surtout si l'on ajoute 2 pour 100 de salol en poudre. Au lieu de prendre de l'eau simple, vous pouvez vous servir d'eau boriquée à 20 pour 1000. Voilà comment on la prépare : On fait bouillir un litre d'eau, durant quelques minutes, puis on y jette 20 grammes d'acide borique, on remue avec une cuillère bien propre et l'on verse dans une bouteille. Le matin il suffit de verser dans un verre la quantité nécessaire à un nettoyage. L'acide borique coûtant environ 1 fr. 50 le kilogramme, vous voyez que cette préparation ne revient pas cher. Elle peut rendre de véritables services; lorsqu'on a des enfants délicats qui s'enrhument facilement, on les oblige à se gargariser matin et soir avec cette eau, on leur en fait renifler et les résultats sont excellents. On peut encore se laver les dents avec de l'eau bouillie renfermant 1 pour 1000 de saccharine[1].

Mais lorsque la figure et le cou sont bien lavés, n'allez pas les salir de nouveau en appliquant de *la poudre de riz* à leur surface. Rien n'abîme la peau comme l'emploi de ces poudres. Non seulement elles bouchent les pores et empêchent la transpiration, mais souvent préparées avec des substances toxiques elles peuvent altérer la santé générale, occasionnant des maux de tête, des ophtalmies, etc.... Vous qui êtes jeunes, ne prenez donc jamais la mauvaise habitude de vous poudrer, vous vous en passerez très bien et vous aurez ainsi toutes sortes d'avantages sur celles qui ne suivraient pas mes conseils.

Les cheveux. Il faut aussi de temps à autre, tous les quinze jours par exemple, bien laver *les cheveux*, simplement avec de l'eau et du savon. Après les avoir savonnés, on les rince jusqu'à ce que l'eau reste bien claire, puis on les fait sécher.

Chaque petite fille, chaque jeune fille, le soir avant d'aller se coucher, doit procéder à sa *toilette intime*; tous les deux ou trois jours elle se lavera aussi les pieds. Pour cela il n'est même pas nécessaire de faire chauffer de l'eau, on peut parfaitement bien se servir d'eau froide; on devient ainsi plus résistant, on se refroidit moins vite.

---

1. La saccharine est un antiseptique que l'on emploie souvent par fraude pour remplacer le sucre dont elle n'a aucune des qualités nutritives.

Les pieds. *Les pieds* sont si près du sol qu'ils se salissent facilement, ce n'est donc pas être très propre que de les conserver dans cet état. *Les ongles* des orteils doivent être taillés avec soin pour faciliter la marche. Laissez-moi en passant vous donner le moyen d'éviter les ongles incarnés si douloureux et qui font souffrir si longtemps. Il suffit de couper les ongles bien droit sans enlever les angles et l'on évitera cette douloureuse infirmité. — Certaines personnes transpirent des pieds, elles s'en plaignent, mais pourraient en général fort bien obvier à cet inconvénient si elles le désiraient; plus que les autres elles doivent être d'une propreté raffinée, se laver les pieds tous les matins à l'eau froide (bien entendu après avoir consulté leur médecin), puis elles saupoudreront l'intérieur de leurs bas avec un mélange de bismuth et de salol par parties égales. Pour celles qui ne veulent pas supprimer la transpiration des pieds, elles enlèveront toute mauvaise odeur en les lavant tous les jours dans une solution de permanganate de potasse[1].

Si j'insiste sur tous ces détails, c'est qu'une jeune fille tenue proprement, tout en se portant mieux, est toujours bien vue de tout le monde; c'est elle qui donnera à ses petits frères, à ses petites sœurs et plus tard à ses enfants les habitudes de propreté sans lesquelles l'être humain périclite et s'étiole.

Les bains. Je vous disais tout à l'heure qu'un bain tiède n'est jamais une mauvaise dépense; encore faut-il savoir comment le préparer, et comment le prendre. Le bain de propreté doit avoir de 25 à 35° centigrades; il est bon d'y ajouter 200 grammes de cristaux de carbonate de soude. L'action du bain est excellente, elle s'étend au delà de la peau, sur tout l'organisme. Il ne faut pas prendre un bain immédia-

1. Cela leur colorera les pieds en rouge.

UNE PLAGE ET DES BAIGNEURS

tement après avoir mangé, mais attendre que la digestion soit faite (3 heures environ).

On ne prend pas que des bains tièdes, on prend
aussi des bains froids; ceux-ci, lorsqu'ils sont adminis-
trés dans de bonnes conditions, fortifient d'une manière
absolument extraordinaire, à condition de n'être
que de très courte durée, à peine quelques secondes,
à condition aussi que la réaction soit sérieuse. Généralement on exagère la durée des bains froids et surtout on ne fait pas assez la réaction après; on ne
saurait trop insister sur l'importance d'une *réaction*
bien comprise, car c'est d'elle que dépend le bon ou le
mauvais résultat du bain. Lors donc que vous devrez
prendre un bain froid ou une douche froide, déshabil-
lez-vous rapidement, baignez-vous, et dès que vous
serez habillé, ce qu'il faut faire le plus vite possible,
faites une promenade ou un exercice de gymnastique.
Au-dessous de quatre ans je ne suis pas d'avis de donner de bains froids ou de douches froides aux enfants :
l'air marin vivifiant leur suffit; les vieillards feront
bien aussi de s'en abstenir

Mais tout le monde n'a pas la mer ou la rivière à sa
disposition, ce n'est pas une raison pour se priver d'un
excellent moyen d'endurcissement. Voici comment on
peut procéder chez soi : on remplit une baignoire à
moitié d'eau froide, le patient s'assoit dedans et rapidement on lui arrose le dos, la poitrine et les bras en
comptant jusqu'à six. S'il s'agit d'un enfant, il faut
ensuite l'envelopper dans un peignoir et le recoucher
pour lui assurer une bonne réaction; s'il s'agit d'une
grande personne, en s'habillant rapidement et en faisant une promenade ou un exercice de gymnastique,
elle arrivera au même résultat.

Autant les bains froids bien pris sont recomman-
dables, autant il pourrait être désastreux de les appliquer sans jugement et sans progression. Il faut procéder

graduellement; s'il s'agit de bains de mer, faites-les précéder de quelques lavages rapides à l'eau froide coupée d'un tiers de vinaigre ou d'eau de Cologne; s'il s'agit de bains froids, commencez par des bains tièdes que vous refroidirez de plus en plus. En tout cas, il faut insister pour que la réaction, c'est-à-dire le retour à la chaleur normale soit obtenu, par quelque moyen que ce soit.

Résumé.

De l'intégrité de notre peau dépend notre propre conservation. La peau est en quelque sorte le régulateur de la température humaine. — Pour entretenir la peau en bon état, il ne suffit pas de la laver à l'eau froide, il faut la laver à l'eau chaude avec du savon. — Il est absolument nécessaire de se baigner de temps à autre. — Il ne faut pas seulement se laver proprement chaque jour, mais encore bien soigner la bouche, les dents, les cheveux, les ongles, etc. Les bains peuvent aussi servir comme moyen d'endurcissement, à condition qu'on les prenne de courte durée et qu'on provoque toujours une réaction sérieuse.

NEUVIÈME LEÇON PRATIQUE

Le veau: veau en sauce à la tomate. — Veau dans son jus.

DEUXIÈME PARTIE

COMMENT NOUS DEVONS NOUS NOURRIR

DIXIÈME LEÇON

LA RATION ALIMENTAIRE

SOMMAIRE. — Les aliments produisent de la chaleur, de la force et des tissus. — Deux sortes d'aliments. — Quelques aliments complets. — De l'alimentation animale et de l'alimentation végétale. — L'alimentation mixte. — La ration alimentaire. — 1° La ration alimentaire est modifiée par la nature des aliments. — Observations diverses : — La variété dans l'alimentation. — Les repas. — Harmonie dans l'organisation des repas. — 2° La ration alimentaire varie selon les individus : alimentation des enfants, des adultes, des vieillards, etc. — 3° Elle est modifiée par le milieu.

Différentes sortes d'aliments. Lorsqu'un animal reste plusieurs jours sans manger et sans boire, vous savez toutes ce qui lui arrive : il perd d'abord de son poids, sa température s'abaisse, enfin il meurt. Les mêmes phénomènes se produisent lorsqu'il s'agit d'un homme, d'une femme, d'un enfant. Il faut, pour qu'ils vivent, qu'ils se nourrissent, qu'ils absorbent des aliments. Pourquoi, me direz-vous, pourquoi manger chaque jour et plusieurs fois par jour?

On a souvent comparé l'homme à une machine à vapeur et la comparaison est excellente. Que faut-il pour qu'une machine produise de la chaleur, chaleur qui se transforme en force, en travail? Il faut tout d'abord que la machine soit en bon état et qu'on lui fournisse du combustible.

C'est le mécanicien qui, avec de l'acier, du fer, du cuivre, raccommodera la machine lorsqu'elle sera usée, c'est le chauffeur qui jettera dans son foyer du charbon destiné à alimenter son foyer, à produire de la force. Chaque fois que la machine devra fonctionner, il faudra enfourner de nouveaux matériaux de combustion.— Vous n'ignorez aucun de ces faits et vous les comprenez parfaitement, aucune de vous n'aurait l'idée qu'une machine à vapeur puisse sortir de la gare d'Orléans et fournir un voyage d'ici à Paris alors que son foyer est éteint.

Ce qui se passe pour la machine se produit également chez l'homme. Pour que nous sentions en nous la bienfaisante chaleur habituelle qu'on appelle *chaleur animale*, pour que nous puissions agir et travailler, il faut que notre foyer soit entretenu de combustible; pour réparer l'usure journalière, il faut que des matériaux nouveaux viennent remplacer ceux qui ont disparu.

De même que dans la machine à vapeur ce ne sont pas les mêmes corps qui servent à réparer la machine et à alimenter le foyer, de même dans la machine animale ce ne sont pas les mêmes matériaux qui répareront l'usure des tissus et qui produiront la chaleur. Les aliments destinés à la réparation sont ce qu'on appelle les *aliments plastiques*, ceux destinés à produire la chaleur ce sont les aliments *hydrocarburés* ou aliments respiratoires. Car vous le savez, le poumon est le foyer du corps humain et la respiration est comparable au soufflet qui apporte l'oxygène nécessaire à la combustion. Parmi les *aliments plastiques*, reconstitutifs pourrait-on dire, se placent tous les produits qui contiennent de l'azote : produits d'origine animale et quelques produits d'origine végétale, aliments minéraux : sels, eau, etc.

Parmi les *aliments respiratoires* tous les hydrocarburés, c'est-à-dire tous les corps renfermant du carbone et de l'eau : les graisses, les produits d'origine végétale : pain, sucre, etc.

Nous en déduisons qu'une alimentation normale devra contenir de l'azote, du carbone, de l'eau et des sels minéraux destinés à la formation de notre squelette, de notre cerveau, etc. Par conséquent nous devons absorber des produits d'origine animale, des produits végétaux et des produits minéraux. En effet, si le *régime animal* nourrit plus vite, poussé à l'exagération il offre de graves inconvénients tant physiques que moraux : il prédispose à la goutte et, tout en rendant plus vives les manifestations volontaires, développe les passions et les instincts violents.

Une *alimentation trop végétale débilite* l'économie et alourdit l'individu. La nonchalance extrême de l'Irlandais est en partie attribuée à l'abus qu'il fait des pommes de terre. Il en mange de 4 à 5 kilogrammes par jour ! L'alimentation végétale adoucit les mœurs, augmente la sociabilité des individus, mais prise avec exagération abolit l'activité volontaire.

Seule *l'alimentation mixte* réunit toutes les conditions nécessaires à l'entretien de l'homme ; elle a un contre-coup excellent sur le moral des individus en développant leur imagination, la finesse de leurs sens, la douceur de leurs mœurs, en les rendant à la fois humains et énergiques. Les *sels minéraux* se trouvent dans les aliments d'origine animale et d'origine végétale ; cependant nous leur ajoutons encore *du sel, de l'eau,* produits qui relèvent du règne minéral.

Vous avez peut-être entendu parler de certains moines du moyen âge qui pour faire pénitence avaient eu l'idée de se priver de sel; peu à peu leur système nerveux se déprima et ils se virent menacés de paralysie[1]; le sel est donc une substance indispensable à notre alimentation. Qu'il nous faille aussi de l'eau, cela se conçoit aisément lorsqu'on se rappelle que l'homme en temps ordinaire perd par la respiration, par la transpiration, par les urines, etc., plus de 2000 grammes d'eau par jour et que, lorsqu'il travaille, cette déperdition s'élève jusqu'à 2800 ou 3000 grammes. Il faut remplacer cette eau, et pour cela il faut boire. En résulte-t-il qu'il nous faille absorber 3 litres d'eau par jour? Non, car les aliments solides qui servent à nous nourrir renferment environ la moitié de l'eau qui nous est nécessaire. Il faut de l'eau, mais il n'en faut pas trop; prise en excès l'eau donne de l'hypertrophie et de la dégénérescence graisseuse du cœur. Chez certains animaux de boucherie mal nourris, l'eau peut prendre dans les muscles la place de la substance vraiment nourrissante, de l'albumine. Achetez donc de préférence de la viande provenant d'un animal gras, même en coûtant plus cher elle est en réalité meilleur marché.

La ration alimentaire. Les savants ont calculé quelle quantité d'aliments était strictement nécessaire pour vivre et ils ont appelé le résultat de leurs recherches *ration alimentaire*. Ration très variable suivant le degré d'assimilation des aliments, suivant les capacités digestives de l'individu, suivant les pays qu'il habite. Ce n'est en quelque sorte qu'une notion moyenne, une indication juste tout au plus pour les régions tempérées. Cette ration est essentiellement par individu et par jour de 20 grammes d'azote (qui peut se trouver soit dans la viande, le pain, les légumi-

1. *Physiologie animale*. — Mathias Duval.

neuses, etc.) et de 500 grammes de carbone (qui peut se trouver dans les farineux, le pain, le sucre, etc.). Voit, un grand physiologue, donnait la ration suivante pour l'homme :

```
Albumine . . . . . . . . . . .   118 grammes
Graisse. . . . . . . . . . . .    56    —
Hydrate de carbone . . . . .     500    —
```

Pour la femme :

```
Albumine . . . . . . . . . . .    90 grammes
Graisse. . . . . . . . . . . .    40    —
Hydrate de carbone . . . . .     400    --
```

On peut encore compter par kilogramme du poids du corps de l'adulte :

```
Albumine . . . . . . . . . . . . .   1 gr. 50
Graisse . . . . . . . . . . . . . .  0 gr. 85
Hydrate de carbone. . . . . . . .    7 gr. 50
```

Et pour les enfants par kilogramme :

	De 2 à 6 ans	De 7 à 15 ans
Albumine.	3,7	2,8
Graisse.		1,5
Hydrate de carbone.	10	9

Pour que l'équilibre existe, les recettes doivent couvrir les dépenses. Pour s'en rendre compte plus exactement, on a calculé *en calories*[1] la valeur des aliments simples et complexes. D'après Rubner :

1 gramme d'albumine donne en brûlant 4,1 calories,
1 gramme d'hydrate de carbone donne en brûlant 4,1 calories,
1 gramme de graisse donne en brûlant 9,3 calories.

L'on trouve ainsi que la ration alimentaire d'un homme qui donne un travail musculaire modéré s'élève à environ 3000 calories,

Ces notions sont peut-être un peu savantes pour quelques-unes d'entre vous, j'ai cependant pensé qu'on

1. On appelle *calorie* la quantité de chaleur nécessaire pour élever la température d'un gramme d'eau de 1 degré centigrade.

parle trop de calories actuellement pour que je puisse parler de l'alimentation sans vous en dire un mot.

Quelques aliments dits *complets* pourraient-ils à eux seuls suffire à l'alimentation de l'individu. Les œufs et le lait par exemple. En effet le poussin sort de l'œuf bien constitué et bien vivant après s'être seulement nourri du contenu de l'œuf; de même aussi le petit enfant vit-il et grandit-il en se nourrissant de lait et de lait seulement, est-ce à dire que les adultes pourraient se sustenter suffisamment en ne mangeant que des œufs? en ne buvant que du lait? Non certainement, en tout cas ce ne pourrait être qu'une alimentation provisoire ou pour mieux dire passagère; mais un œuf mangé *avec un morceau de pain* voilà une excellente nourriture pour l'adulte et pour l'enfant.

Voyons maintenant quelles sont les causes qui modifient la ration alimentaire :

1° Modifications de la ration alimentaire dues à la nature des aliments.

Il ne suffit pas de manger, il faut encore digérer et assimiler. Manger des substances qui traversent simplement le tube digestif, cela revient à mettre dans le foyer d'une machine, au lieu de charbon, des cailloux; bien plus, cela fatigue et irrite l'appareil de la digestion. On divise les aliments en aliments légers (c'est-à-dire faciles à digérer) et en aliments lourds. La distinction est difficile à établir, car bien souvent telle substance difficile à digérer en général est au contraire très bien acceptée par un estomac et vice versa; il est bon cependant de connaître l'opinion actuellement acceptée. Dans son dernier ouvrage, *l'Ame et le corps de l'enfant,* M. le Dr de Fleury indique comme aliments à recommander : le pain grillé, la croûte de pain, les œufs, le jambon, les poissons légers (soles et merlans) grillés ou bouillis, le veau, le poulet,

le mouton et le bœuf, les haricots verts, les artichauts,
les pommes de terre, les lentilles, les petits pois et les
pois secs, les légumes verts, les compotes peu sucrées,
les fromages de Gruyère et de Chester, les gâteaux
secs. Comme aliments indigestes; la mie de pain, les
conserves alimentaires, les viandes noires (gibier,
canards, oies), les mets épicés, les poissons lourds, les
crustacés (homards, écrevisses, crevettes, etc.), les
huîtres, les coquillages, radis, melons, salade crue, le
vinaigre, l'oseille, la tomate, les aliments gras : fritures, charcuterie, etc., les asperges, choux-fleurs,
choux de Bruxelles, oignons, sucreries, pâtisseries,
fromages gras, etc.

Laissez-moi ajouter une remarque en passant, c'est
qu'une bonne mère de famille devra de préférence
acheter le pain la veille pour le lendemain, le pain
rassis s'émiette plus facilement, il est par conséquent
plus complètement imbibé des sucs digestifs que ne
l'est le pain frais qui trop souvent fait éponge dans
l'estomac et par conséquent se digère mal.

Il faut encore considérer la température de ces aliments, leur consistance, la variété apportée dans les
menus, la régularité dans les repas, etc.

La tempéra-
ture des ali-
ments peut
activer la
digestion.

On a remarqué que les aliments chauds
se digèrent plus facilement que les aliments froids, à condition bien entendu
de ne rien exagérer; les aliment chauds
ne devraient être absorbés que dépassant
environ de 10° la chaleur de notre corps.
Plus chauds ils provoquent la fêlure de l'émail de nos
dents et par cela même occasionnent la carie dentaire[1].
Or pour bien digérer il n'est rien de plus nécessaire

1. Ne buvez pas froid après avoir mangé chaud, cela détermine
aussi de nombreuses fêlures de l'émail.

qu'une bonne dentition, à condition bien entendu de faire usage de ses dents; voyez, bien des personnes, tout en ayant une mâchoire en parfait état, n'en usent pas et avalent les aliments sans les mastiquer; elles laissent ainsi à l'estomac un travail supplémentaire pour lequel il est mal outillé et le plus souvent après l'avoir beaucoup fatigué les aliments passent dans l'intestin et de là dans les selles sans avoir produit un résultat salutaire, au contraire! — Pour que les sucs digestifs puissent avoir une action véritable sur les aliments, il faut que ceux-ci soient triturés (ce que je vous disais à propos du pain rassis), il faut donc des mastiquer. Et ce n'est pas seulement une raison d'hygiène mais encore une raison d'économie véritable qui doit nous y déterminer; puisque en ne mastiquant pas nous ne tirons pas de nos aliments tout le bénéfice qu'ils devraient nous donner.

Un seul aliment ne saurait suffire à notre alimentation, car aucun ne renferme à la fois toutes les substances qui nous sont nécessaires et dans les proportions voulues; de plus, même l'aliment le plus succulent, le plus goûté de nos palais, servi à tous les repas finit par nous paraître fade et insipide. La ménagère doit donc varier l'alimentation le plus possible : que de fois un plat nouveau ne fait-il venir « l'eau à la bouche »? comme on dit couramment. C'est là une excellente indication d'un appétit qui se dispose à préparer une bonne digestion[1].

Les repas doivent être servis à des heures régulières.
, Une nourriture prise à heures régulières se digère mieux et plus facilement. Voilà pourquoi la ménagère doit se faire une loi de l'exactitude. A midi, par exemple, le père, les enfants sont obligés de repartir bien vite, lui pour le travail, eux pour l'école; si le repas est en retard ils mastiquent à

1. *De l'Education.* — Herbert Spencer. — Les sucs digestifs. — Pawlow.

peine, avalent à la hâte et leur organisme ne profite pas de la nourriture qu'il a reçue. Qu'il n'y ait ni hâte, ni dispute, pendant le repas, c'est là un des principes d'hygiène des plus recommandable. L'heure du repas pour l'ouvrier est aussi l'heure du repos ; que femmes et enfants tâchent d'y contribuer les uns par leur ponctualité, les autres par leur bonne tenue.

Enfin il faut une proportion harmonieuse dans les menus : il est mauvais de trop manger à un repas et de mourir de faim à l'autre. Ce sont de mauvaises économes celles qui dépensent pour le repas du dimanche les deux tiers de la somme dont elles disposaient pour la semaine. Que ce jour-là il y ait un petit extra, plat sucré ou autre, je n'y vois pas d'inconvénient, au contraire, mais que là s'arrêtent les dépenses extraordinaires.

Préparation et composition des repas. En général c'est au repas de midi que l'on a le plus d'appétit. Une bonne ménagère préparera dès le matin une excellente soupe, elle en fera en quantité suffisante pour qu'il en reste pour le soir. Les jours où elle devra aller travailler, elle préparera à la fois la soupe, le légume et la viande. Je vous ai déjà enseigné plusieurs recettes à ce sujet : le pot-au-feu, la soupe aux choux, la poitrine de veau farcie, etc. Le soir le repas se composera des restes du déjeuner auxquels on ajoutera un mets vite préparé si les restes sont insuffisants.

Je le répète, un repas bien préparé dispose à une bonne digestion; je ne sais quel gourmet prétendait que la digestion commence à la cuisine, il n'avait pas tort.

Enfin tâchez de bien composer vos menus, si simples soient-ils. Ayez de préférence deux plats : de la viande et un légume. Il ne suffit pas de dire que l'alimentation mixte est la meilleure, il faut mettre nos connaissances en pratique. Un repas composé de marrons et de pommes de terre est évidemment un repas mal composé, puisque marrons et pommes de terre sont des aliments respiratoires, des hydro-carbonés. Mieux vaut un peu de viande accompagnée soit de marrons soit de pommes de terre.

2° La ration varie selon les individus. La ration alimentaire varie aussi suivant les individus. Les individus qui sont petits mangent plus proportionnellement que ceux qui sont de grande taille, ceux qui sont jeunes plus que ceux qui sont âgés. Les enfants qui grandissent ont besoin non seulement de la ration alimentaire mais encore d'une ration de croissance, il leur faut des plats copieux et surtout des repas plus nombreux que pour les adultes. Ainsi, si le petit déjeuner, le déjeuner de midi et le dîner suffisent aux grandes personnes, il est bon d'intercaler pour les enfants une collation à 4 heures, parfois même à 10 heures, il vaut mieux les nourrir plus souvent et ne pas surcharger leur estomac. Nourris insuffisamment, ils se développent mal. Les vieillards mangent moins que les enfants et les adultes, leur alimentation doit surtout se composer de mets légers faciles à mastiquer. L'homme qui *travaille* dépense plus que l'homme qui se repose, il a donc besoin d'un apport plus considérable. Enfin en général les *hommes* mangent plus que les *femmes*. La *race* et l'*habitude* doivent aussi être prises en considération; on a souvent dit que nous mangeons tous beaucoup trop, qu'avec un volume d'aliments bien moindre nous pourrions nous suffire; mais nous nous sommes habitués à manger beaucoup, notre estomac s'est distendu et pour que nous ressentions la sensation agréable de satiété et que cette sensation soit durable il faut que nous ayons emmagasiné la portion à laquelle nous nous sommes habitués.

3° Elle est modifiée par le milieu. Les *climats* et les *saisons* ont aussi une influence sur la quantité de nourriture nécessaire et sur sa composition; les hommes du Nord consomment plus d'aliments et surtout plus d'aliments féculents et d'aliments gras (propres à produire de la chaleur) que les hommes du Midi. Qui n'a remarqué que l'on mange mieux en hiver qu'en été?

Cette question de l'alimentation acquiert à l'heure actuelle où l'on parle tant de colonisation une importance capitale. L'Européen qui va vers les régions tropicales devrait un peu observer les habitudes des indigènes et souvent il devrait s'y conformer; il éviterait ainsi de contracter les maladies qui s'opposent encore aujourd'hui à un exode régulier. Dans les régions chaudes les naturels mangent peu, ils se nourrissent surtout de végétaux; jusqu'à l'invasion des Européens ils ne buvaient pas de vin, tous leurs législateurs le leur défendaient. Ils évitent les longues marches au soleil, les fatigues physiques prolongées. Pourquoi ceux d'entre nous qui vont dans ces pays-là ne cherchent-ils pas à suivre un régime à peu près analogue? De plus, comme les aliments végétaux, malgré le gingembre, le piment et les autres poivres dont ces peuplades agrémentent leur nourriture, seraient difficiles à digérer, ils emploient certains moyens propres à activer la circulation intestinale. Dans une étude fort intéressante M. le Dr Treille nous apprend que les Indous, les Malais et autres habitants des pays chauds sont des masseurs et des gymnastes absolument remarquables : « Au lever, après la sieste, même fort avant dans l'après-midi, lorsqu'un travail un peu rude les a fatigués ou qu'un sommeil trop prolongé les a amollis, ils se font masseurs les uns des autres ». Ils font aussi beaucoup de gymnastique. Ils accélèrent ainsi la digestion intestinale, activent les fonctions du foie et évitent les maladies de cet organe si fréquentes chez les Européens qui habitent les pays chauds. Il faudrait donc non seulement chercher à imiter leur manière de se nourrir mais employer aussi les procédés hygiéniques qui leur réussissent si bien.

Nansen dans la relation de son voyage au pôle nord nous raconte un fait typique : lui et son compagnon hivernent dans une hutte; pour éclairer la longue nuit polaire ils ont à leur disposition une lampe à pétrole très bien comprise puisque grâce à un dispositif ingénieux elle leur permet aussi de chauffer leurs aliments. Au bout d'un certain temps, le pétrole venant à manquer, ils alimentent leur lampe avec de la graisse d'ours; celle-ci n'étant pas raffinée il se forme de temps à autre des sortes de petits graillons au niveau de la mèche et chacun à tour de rôle a le droit de les manger. Voici à quoi peuvent se réduire les « délicatesses » pour les habitants des régions arctiques! Les Esquimaux n'éprouvent-ils pas des délices extrêmes à boire l'huile de phoque?

Résumé.

Il faut, pour que l'homme vive, qu'il se nourrisse. — Les aliments produisent de la chaleur, de la force et des tissus; on les divise en aliments plastiques et en aliments respiratoires. Une alimentation exclusivement animale ou exclusivement végétale offre des inconvénients, seule l'alimentation mixte réunit toutes les conditions nécessaires. Il faut aussi que l'homme absorbe des sels et de l'eau.

Les aliments plastiques sont surtout riches en azote. Les aliments respiratoires contiennent surtout du carbone et de l'eau. Quelques aliments *complets* renferment à la fois de l'azote, du carbone, des sels et de l'eau, tels sont le lait, les œufs.

On appelle *ration alimentaire* la quantité moyenne d'azote et de carbone nécessaire à l'entretien de la vie humaine. — La ration alimentaire est modifiée par la nature des aliments; elle varie selon les individus et selon le milieu qu'ils habitent.

DIXIÈME LEÇON PRATIQUE

Le veau (suite) : veau en blanquette. — Riz au lait.

ONZIÈME LEÇON

COMMENT NOUS DEVONS NOUS NOURRIR (Suite).

LES PROVISIONS ALIMENTAIRES.—RÔLE DE LA MÉNAGÈRE

SOMMAIRE. — Importance d'une bonne alimentation. — Comment on fait les provisions : ordre dans les achats ; achats par quantités suffisantes plutôt que par petites quantités. — Le garde-manger. — Connaissance des substances alimentaires. — La ménagère doit être ingénieuse.

Importance d'une bonne alimentation. Nous avons vu de quelle importance est une bonne alimentation pour les individus, puisque tout en réparant l'usure produite par la vie et par le travail elle leur permet aussi d'agir, de produire de la force Chez l'enfant elle ajoute à ce double rôle celui plus important encore de lui assurer un développement complet. Or, il faut bien le reconnaître, c'est surtout de la mère que dépend l'excellence de la nourriture familiale. Le mari travaille, il apporte la paye gagnée et en laisse la libre disposition à la femme lui créant en même temps une grave responsabilité ; car pour bien distribuer le gain si péniblement obtenu, il ne suffit pas de vouloir bien faire, il faut encore *savoir* et *réfléchir*. Certes si les femmes se rendaient bien compte des résultats auxquels elles peuvent arriver simplement en soignant les repas, en les préparant à l'heure, en les variant dans la mesure de leurs ressources, je crois bien que toutes s'efforceraient de devenir des ménagères modèles : en effet, la modeste femme ordonnée et habile à cuisiner, est l'ennemie la plus redoutable du médecin, du pharmacien et... du marchand de vin!

Certes, la concurrence est difficile, surtout en ce qui concerne le dernier terme de mon énumération; car tout est si cher en France! Sans doute si nous étions par exemple à Madagascar, bien des choses seraient simplifiées; dans un livre nouveau, je vois que le prix d'un poulet y est de 0 fr. 40 à 0 fr. 50, qu'une dinde y coûte 0 fr.75, une oie 1 franc; qu'un bœuf dans les temps ordinaires vaut 10 francs, dans les grandes circonstances 20 francs! Un porc ou un mouton n'y coûtent pas si cher qu'un gigot en France puisqu'ils reviennent à environ 3 francs pièce. Je ne vous dirai rien du prix des sauterelles, des chenilles et des escargots qui, quoique très estimés, y sont vendus pour rien!

Mais en France le métier de bonne mère de famille exige beaucoup d'habileté et de savoir-faire. Puisque tout est cher, pour diminuer la dépense le plus possible, ne jetez jamais aucun *reste* et exercez-vous à *acheter* dans les meilleures conditions de prix et de qualité; enfin soyez ingénieuses. Tel petit morceau de viande dédaigné aujourd'hui pourra nous servir demain pour préparer un petit plat, pour boucher une lacune. Je vous ai donné des recettes qui vous ont prouvé que le reste le plus modeste joint à un autre reste n'ayant guère plus d'importance peut permettre de préparer un plat très appétissant. (Pâté de reste.)

Il faut savoir acheter. Pour qu'une ménagère soit réellement une bonne ménagère, il faut qu'elle sache acheter : pour savoir acheter, il faut être économe de son temps, de son argent et connaître les marchandises, c'est-à-dire acheter avec discernement.

Ordre dans les achats. Il faut donc tout d'abord introduire de l'ordre dans les achats et fixer des heures et des jours à cet effet. Quel travail peut fournir une femme qui à chaque instant sort de la maison sous le prétexte de faire des emplettes? Une bonne ménagère ne manquera jamais de rien, elle prévoit les besoins et refait les provisions avant que celles qu'elle a faites déjà soient complètement épuisées.

Les provisions alimentaires sont de trois sortes : celles qu'on fait au commencement des saisons, celles qu'on achète. tous les mois, enfin celles qu'on achète tous les jours lorsqu'on est un très gros ménage ou seulement deux fois par semaine lorsqu'on est moins nombreux ou qu'on habite un pays où il n'y a pas marché tous les jours.

Les achats. Voici les provisions qu'il faut acheter :
Pour l'hiver : les pommes de terre, le beurre fondu, les oignons, les œufs[1].

Pour le mois : la graisse, la farine, le sel, le poivre, les épices, l'huile d'olive, les conserves, les pâtes alimentaires, les légumineuses, le riz, le sucre, le chocolat, le thé, le café, etc.

Deux fois par semaine : le beurre frais, les œufs, les légumes, les fruits, les poissons (pour le jour même), les volailles, la charcuterie, la triperie (pour le jour même), la viande, etc.

En achetant l'épicerie au commencement du mois on a un double avantage : non seulement on évite les sorties continuelles, mais comme on achète davantage à la fois on paye moins cher. La ménagère enferme toutes ses provisions dans une armoire bien sèche et elle n'en retire ce qu'il faut qu'au fur et à mesure des be-

1. A la campagne on prépare aussi de nombreuses conserves pour l'hiver : conserves de légumes, de gibier et surtout de graisse, de lard et de jambons qui proviennent des porcs que l'on tue vers la fin de décembre.

soins. Si vous saviez à quel prix reviennent les denrées qu'on achète deux sous par deux sous! De même, il est préférable aussi d'acheter tout un sac de pommes de terre au commencement de l'hiver, on les paye bien moins cher qu'on les achetant au détail : la différence est à peu près du double. Enfin la ménagère doit autant que possible aller au marché de première main pour acheter les provisions fraîches : légumes, fruits, poissons, etc., il est inutile qu'elle y aille tous les jours, cela occasionnerait une perte de temps considérable; mais, en y allant deux ou trois fois par semaine, elle réalisera des économies appréciables. Les petites marchandes qui passent dans les rues sont obligées de prélever un bénéfice sur leur marchandise; ne semble-t-il pas préférable que ce bénéfice reste dans la bourse de la mère de famille?

N'allez pas me dire qu'ayant toutes les provisions pour deux ou trois jours on les gaspillera davantage; cela n'est pas exact, il suffit de les mettre sous clef et d'habituer les enfants à se contenter de ce qu'on leur donne.

Le garde-manger. Un garde-manger entouré de fine toile métallique et placé dans un courant d'air, du côté du nord, *à l'abri de la poussière*, nous permettra de conserver les provisions indemnes. Enfin si vous achetez des conserves alimentaires, employez-les le plus vite possible du moment où elles sont ouvertes; car elles se gâtent très rapidement dès que l'air peut y pénétrer.

Connaissance des provisions alimentaires. Mais il ne suffit pas d'acheter des provisions, il faut encore savoir les choisir; dans notre cours pratique, je vous ai souvent mises en garde contre les falsifications et les altérations naturelles qui peuvent modifier la valeur nutritive des aliments, tâchez d'appliquer plus tard et dans la vie les notions que je vous ai données. Je ne puis me répéter complètement ici, mais j'insiste encore sur la nécessité de choisir des aliments absolument frais. Voyez par exemple le poisson : lorsqu'il est frais, c'est un aliment exquis ; lorsqu'il ne l'est plus, il peut provoquer de véritables empoisonnements ; en tout cas il est souvent la cause de rougeurs, d'éruptions, et cela se comprend facilement lorsqu'on sait que les principes mauvais (les toxines) qu'il renferme alors sont éliminés par la peau qu'ils irritent au passage.

Quelques ménagères commencent à acheter de la viande de cheval, préférant et avec raison donner aux leurs un morceau de filet de cheval plutôt que de ne leur donner que quelques pommes de terre. Cependant, un savant physiologiste allemand, Pflüger, a remarqué que la viande de cheval fait maigrir, à moins qu'on n'ait la précaution, lorsqu'on la prépare, de lui ajouter 25 grammes de graisse de bœuf ou de mouton par kilogramme de viande, cette graisse jouant en quelque sorte le rôle d'antitoxique. Il a encore observé que la viande de cheval perd ses propriétés nocives lorsqu'on la fait tremper dans l'eau. Que déduirons-nous au point de vue pratique de ces connaissances ? C'est que s'il n'est pas mauvais de manger un rôti de cheval bien assaisonné de condiments gras, de sel et de poivre, il faut éviter de faire du bouillon de cheval [1].

Soyez ingénieuses. Enfin, réfléchissez avant d'agir, et tâchez d'appliquer à la vie courante les notions que vous avez reçues soit à l'école, soit ici. Un exemple va vous faire mieux comprendre ce que je veux vous dire. Nous avons vu que les produits d'origine animale tels que la viande, le

1. Dans ces derniers temps, on a beaucoup contesté les affirmations de Pflüger. Ce qui reste certain, c'est que la viande de cheval est un excellent aliment.

p 'sson, les œufs, le lait, le fromage, etc., tous des reconstituants de nos tissus, nourrissent plus parfaitement et surtout plus rapidement que les produits végétaux, mais ils ont un grand inconvénient, ils coûtent cher et la pauvre ménagère, en consultant ses maigres ressources, se demande s'il n'y aurait pas des légumes pouvant remplacer ces aliments si hors de proportion avec ses maigres revenus. Car il faut avant tout faire honneur à ses affaires. Parmi les produits végétaux, il en est, en effet, qui possèdent une valeur nutritive équivalente à celle des produits animaux; telles sont les légumineuses (pois, haricots, fèves, lentilles, etc.), tandis que la pomme de terre si universellement prisée est un très pauvre aliment, bien inférieur même au topinambour. Vous me direz que beaucoup de personnes ne peuvent digérer les légumineuses; cela est vrai, mais tient surtout à leur enveloppe ligneuse qui est difficilement attaquée par les sucs digestifs et qui dans l'économie joue le rôle d'un corps inerte. Cependant, les légumineuses étant nourrissantes et l'ensemble de la famille ayant bon estomac, elles paraîtront souvent sur la table du travailleur. Si, parmi les siens, la mère compte un enfant délicat, que fera-t-elle? Lui donnera-t-elle chaque jour un repas particulier? Certes, elle le voudrait, mais l'argent lui est si parcimonieusement mesuré! C'est alors que son savoir-faire lui viendra en aide; puisque les légumineuses sont très nourrissantes et que leur enveloppe de cellulose est seule indigeste, les jours où elle en servira, elle fera passer à travers la passoire ou le tamis la part destinée au petit malade qui mangera de cette manière une assiettée de purée légère et nourrissante. Je connais une adorable petite fille qui est en train de mourir d'inanition et c'est à sa mère, à sa mère qui l'aime pourtant beaucoup, qu'elle doit d'en être réduite là. Cette enfant a un estomac débile, la mère voudrait bien ne lui donner que des choses légères et nourrissantes, et, dès qu'il entre un peu plus d'argent que de coutume dans la maison, elle lui achète un petit bifteck ou une côtelette, mais en temps ordinaire, et à son grand regret, elle la met au régime de la famille; or, je n'en ai jamais vu de plus lourd, de plus indigeste et de moins nourrissant. Ne lui ai-je pas vu donner à la petite malade des cruchades (gâteaux de maïs) imbibées de graisse! Et Dieu sait de quelle graisse! Combien cette brave femme ferait mieux, au lieu de dépenser en quelques maigres côtelettes les petites sommes dont elle peut disposer, de modifier le régime de la famille au moins en ce qui concerne son enfant et de le compléter par un achat régulier de lait.

Enfin, tout en pratiquant l'économie la plus stricte, vous pourrez de temps à autre, à propos d'un anniversaire, d'une fête de famille quelconque, faire un gâteau, un petit extra. Ne vaut-il pas mieux retenir ainsi les hommes au logis que de les laisser aller au dehors dépenser leurs modiques ressources? La gourmandise, me dit un jour une femme très spirituelle, est l'anse par laquelle on tient les maris. En n'exagérant point, je ne vois pas grand inconvénient à se rappeler parfois cette originale définition du plus modeste de nos sept péchés capitaux.

Résumé.

Une bonne alimentation est d'une importance énorme chez l'adulte, et surtout chez l'enfant, auquel elle assure un développement complet et régulier. — Les femmes en recevant la paye de leur mari et en disposant de cette paye encourent une grave responsabilité. En faisant bien leur devoir, les ménagères deviennent les concurrentes les plus sérieuses du médecin, du pharmacien et... du marchand de vin.

Pour être une bonne ménagère, il faut : 1° ne jamais jeter un reste; 2° savoir acheter; 3° être ingénieuse.

ONZIÈME LEÇON PRATIQUE

Les viandes grillées. — Pommes de terre frites.

TROISIÈME PARTIE

COMMENT NOUS DEVONS NOUS VÊTIR

DOUZIÈME LEÇON

LE LINGE

SOMMAIRE. — **Comment nous devons nous vêtir.** — *a.* **LE LINGE.** — Comment on l'entretient en bon état. — Du vieux linge. — *b.* **LES VÊTEMENTS PROPREMENT DITS.** — Ils doivent être simples et autant que possible en tissu lavable. — Conservation des vêtements de laine. — Les mites. — De la mode. — Loi qui doit dominer toute la question du vêtement. — Les cols. — Le corset. — Les jarretières et les jarretelles. — Les chaussures.

Voici une grave question pour les jeunes filles et même pour les femmes; toutes voudraient être bien mises et peu dépenser; et cela paraît si difficile! En y réfléchissant bien il nous semble que, ce qu'il faut tout d'abord rechercher c'est la propreté des vêtements. La robe la plus simple est jolie lorsqu'elle est propre et sans déchirure; et ce n'est pas seulement pour les vêtements apparents que cette observation est vraie mais surtout pour les vêtements de dessous, pour le *linge*.

Le linge. L'entretien du linge, voilà une des principales occupations de la ménagère; elle doit toujours s'organiser pour n'avoir dans ses armoires que du linge éblouissant de propreté et bien raccommodé. Il faut changer de linge au moins une ou deux fois par semaine et vous comprendrez pourquoi, me enfants, lorsque vous aurez un peu réfléchi ; la chemise, les bas absorbent peu à peu la transpiration qui sort de nos pores. Or, cette transpiration ce n'est pas de l'eau pure mais de l'eau chargée de principes analogues à ceux que renferme l'urine ; une chemise que l'on porte trop longtemps finit par sentir mauvais, et il n'y a pas de parfum qui puisse masquer cette odeur nauséabonde, indice d'une propreté douteuse. N'allez pas croire que de changer de linge plus souvent cela l'use davantage ; lorsqu'il est très sale il faut le frotter beaucoup, par conséquent le résultat est le même. Cependant pour employer moins de linge nous avons deux moyens à notre disposition : être d'une propreté corporelle rigoureuse et changer tous les soirs la chemise de jour contre une chemise de nuit. Cela n'entraîne aucun supplément de dépense, on n'a pas besoin de confectionner des chemises spécialement destinées à la nuit, mais simplement de garder pour la nuit la chemise que l'on portait au préalable dans la journée.

Vous ne pouvez vous imaginer de quelle importance est cette recommandation : la nuit vous transpirez ; partir le matin avec du linge humide au sortir d'un lit bien chaud, rien n'est aussi dangereux ; de plus en gardant le soir la chemise portée durant le jour vous n'aérez ni votre corps ni votre linge, tandis qu'en enlevant complètement votre vêtement de dessous, en l'aérant durant la nuit, vous partez le matin dans d'excellentes conditions d'hygiène. Pour les enfants cette observation est également des plus importantes, beaucoup d'entre eux se réveillent en moiteur et se refroidissent en sortant avec du linge mal séché.

De l'entretien du linge.   Le linge sale ne doit pas être jeté dans n'importe quel coin où les souris pourront le ronger, il faut le suspendre sur des cordes, ou le mettre dans un panier spécial jusqu'au moment où on le lavera. Le linge étant bien propre, la ménagère le visitera avec soin; s'il manque un point, un bouton, s'il y a un trou, elle réparera le tout avant de le repasser et de le mettre dans l'armoire. Vous me direz que souvent la pauvre ménagère pressée par son travail, par ses occupations multiples, n'a pas le temps de faire les reprises; elle a tort, car le petit trou deviendra grand, et, au lieu de quelques minutes, elle emploiera une heure pour faire la réparation nécessaire. Elle rangera le linge propre et repassé dans des armoires afin de le mettre à l'abri de la poussière. Le coton est le tissu préférable pour le linge de corps, le fil au contraire vaut mieux pour les draps, les nappes, le linge de ménage en général. La toile *bise* dure plus longtemps que la toile blanche.

Du vieux linge. La vieille mousseline, les vieux mouchoirs, les vieux draps doivent être soigneusement mis de côté; en cas d'accident ou de maladie on sera heureux de les retrouver. C'est toujours de l'ordre, et encore de l'ordre qu'il faut, lorsqu'on veut un ménage économiquement et pratiquement organisé.

La ménagère n'attendra pas non plus que le linge soit épuisé pour le renouveler; elle se préoccupera d'en préparer de nouveau dans ses moments de loisir et cela suivant les besoins qu'elle prévoit.

Les vêtements proprement dits. Pour les vêtements de dessus toutes les observations déjà faites sont à répéter : pas de trous, pas de taches, changement des vêtements de rue contre des vêtements d'intérieur plus usés, choix de tissus lavables. — Enfin au mois de mai, que la ménagère réunisse tous les vêtements de laine, pardessus, pèlerine, jupons, robes, tricots et couvertures, et qu'elle les expose aux rayons du soleil après les avoir bien nettoyés et bien battus, puis qu'elle les mette de côté pour l'hiver suivant en se méfiant des mites qui exercent des ravages irréparables sur tous les lainages qui sont à leur portée.

Méfiez-vous des mites.   Qu'est-ce que les mites? Les mites, en langage savant *Tinea pellionella* ou *Tinea crinella* ou *Tinea tapatella*, etc., sont de petits papillons qui pénètrent partout et déposent leurs œufs sur les tissus de laine, les tapis, les matelas, les fourrures pour mourir comme la plupart de leurs congénères lorsque la ponte est terminée. De ces œufs sortent des larves blanches, affamées et dévorantes, qui attaquent la laine et y tracent de véritables chemins. Puis, bien repues, elles s'enferment dans une sorte de cocon blanchâtre, et la chrysalide donne naissance à un

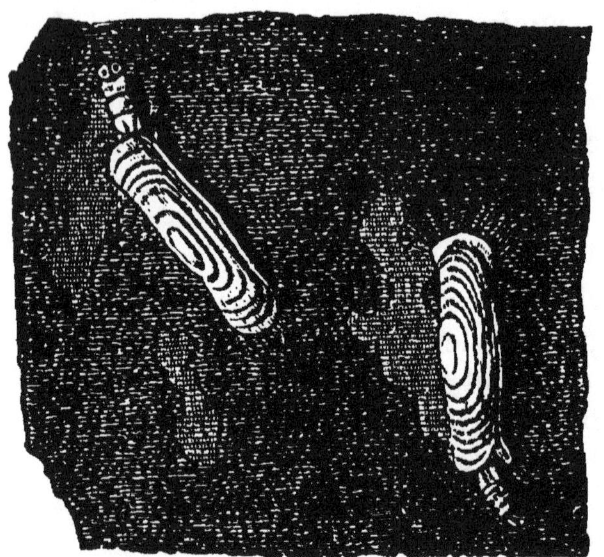

MITE : LA LARVE, LA CHRYSALIDE, LE PAPILLON

papillon. Si j'insiste sur cette description c'est que bon nombre de personnes qui font une chasse active à l'insecte parfait, négligent absolument œufs, larve et chrysalide, s'imaginant qu'il n'y a aucun lien entre les uns et les autres. Mon dictionnaire lui-même

ne s'avise-t-il pas de donner la définition suivante :
Mite, n. f., insecte sans ailes et à huit pattes qui
s'engendre dans le vieux fromage, les fourrures, les
vêtements de laine!

C'est surtout dans les coins obscurs, sous les housses
par exemple, que l'insecte parfait dépose le plus souvent
ses œufs, et ce sont les tissus brillants et lisses qui ont
ses préférences.

Voyons maintenant comment nous pouvons combattre cet ennemi. Deux moyens sont à notre disposition : le premier, le plus simple, consiste à éloigner
des effets que nous voulons préserver toutes les larves,
tous les œufs qui peuvent s'y trouver déposés. Pour
arriver à ces résultats il suffit de brosser souvent, de
brosser suffisamment les vêtements et de les battre à
l'air. Ce système est celui qu'on suit généralement
dans les magasins de l'armée; les effets d'habillements
sont l'objet d'une surveillance continuelle; deux ou
plusieurs soldats les battent et les brossent à tour de
rôle commençant par les premières piles lorsque les
dernières sont terminées. Pratique pour un capitaine
qui a beaucoup d'hommes à sa disposition, ce moyen
l'est moins pour une ménagère que des soins nombreux absorbent, qui peut même être dans l'obligation
d'abandonner les effets d'hiver durant plusieurs mois.

Passons à la seconde manière. Les mites étant des
êtres vivants ont besoin d'air pour respirer; en les
mettant dans des conditions telles qu'elles soient absolument privées d'air, d'air respirable, on empêchera
l'éclosion des œufs déposés par elles sur les tissus.

Dans la pratique on combine les deux procédés : au
mois de mai lorsqu'on ne se sert plus des effets d'hiver,
on les bat, on les brosse consciencieusement, puis on
les saupoudre de poudre de pyrèthre ou de naphtaline

et on les empile soigneusement dans des caisses qu'on ferme hermétiquement. Certaines ménagères préfèrent se servir de poivre et de camphre; le résultat est à peu près le même, mais cela coûte beaucoup plus cher. A défaut de caisse on peut envelopper les effets dans des toiles bien cousues, mais dans aucun cas il ne faut les laisser traîner du printemps à l'automne. (Voir leçon II.) En temps ordinaire il faut toujours conserver les vêtements à l'abri de la poussière. Si vous n'avez pas d'armoire, suspendez-les à un portemanteau et garantissez-les au moyen d'une lustrine ou d'une toile quelconque.

Faut-il suivre la mode? Quelles sont les formes de vêtement préférables? Devons-nous suivre aveuglément les caprices de la mode? *Tout ce qui entrave la circulation du sang, que ce soit la mode ou non, est mauvais et doit être repoussé sans hésitation.* Avez-vous quelquefois observé les grosses vieilles dames qui veulent porter les cols de forme exagérée que la mode préconise? Elles sont rouges, soufflent, sont mal à leur aise, tout cela sans avantage ni pour leur beauté ni pour leur santé, car elles peuvent avoir des congestions occasionnées tout simplement par la compression des artères du cou, de plus elles se prédisposent par cet emmitouflement excessif aux angines et aux maux de gorge. Suivez

UNE ENCOLURE A LA MODE

la mode de loin afin de ne pas être ridicules, mais ne

vous soumettez à ses ordonnances que lorsque vous y trouverez un intérêt véritable ou tout au moins lorsqu'elle ne vous est pas préjudiciable. Vous y aurez un double avantage, celui de vous habiller suivant les lois de l'hygiène, et cet autre, de porter vos vêtements du premier jour au dernier, sans avoir besoin de modifier leur forme, dépense inutile, par conséquent blâmable. *Allez donc le cou découvert et les membres à l'aise dans des vêtements larges et souples; vous rappelant toujours que les vêtements ont été faits pour le corps et non le corps pour les vêtements.*

Le corset. On vous a parlé du *corset* et vous vous demandez qui a raison, s'il faut porter un corset ou s'il n'en faut pas porter. Réfléchissez, raisonnez et vous arriverez sans doute à une solution satisfaisante. Lorsque vous travaillez sérieusement, que vous frottez le plancher ou les meubles, le corset vous gêne-t-il? Oui, par conséquent n'en mettez pas. Mais lorsque vous allez vous promener, ou que vous voulez visiter quelqu'un, la besogne que vous faites est peu fatigante, rien ne vous empêchera alors de mettre un corset; je dirai plus, en mettant un corset peu baleiné et peu serré, les femmes un peu fortes paraissent toujours plus propres et surtout plus ordonnées. En agissant avec notre bon sens, en ne travestissant pas les indications que nous donne la nature, il est rare que nous n'arrivions pas à nous diriger sûrement.

Les jarretelles. Que vaut-il mieux employer pour retenir nos bas : des *jarretières* ou des *jarretelles*? Déjà vous avez répondu, n'est-ce pas? Pour que les jarretières retiennent bien le bas il faut qu'elles soient assez serrées et par conséquent elles peuvent causer une gêne circulatoire; nous donnerons donc la préférence aux jarretelles.

Les chaussures. Restent les *chaussures*. Pensez-vous que les chaussures soient faites pour le pied ou qu'on ait fait les pieds pour les chaussures? Toute la question est là.

Or, avec les chaussures actuelles, il serait facile de croire en vérité que les pieds, substance infiniment malléable, n'ont été créés qu'en vue de se modeler suivant le caprice des cordonniers; il en résulte que nos

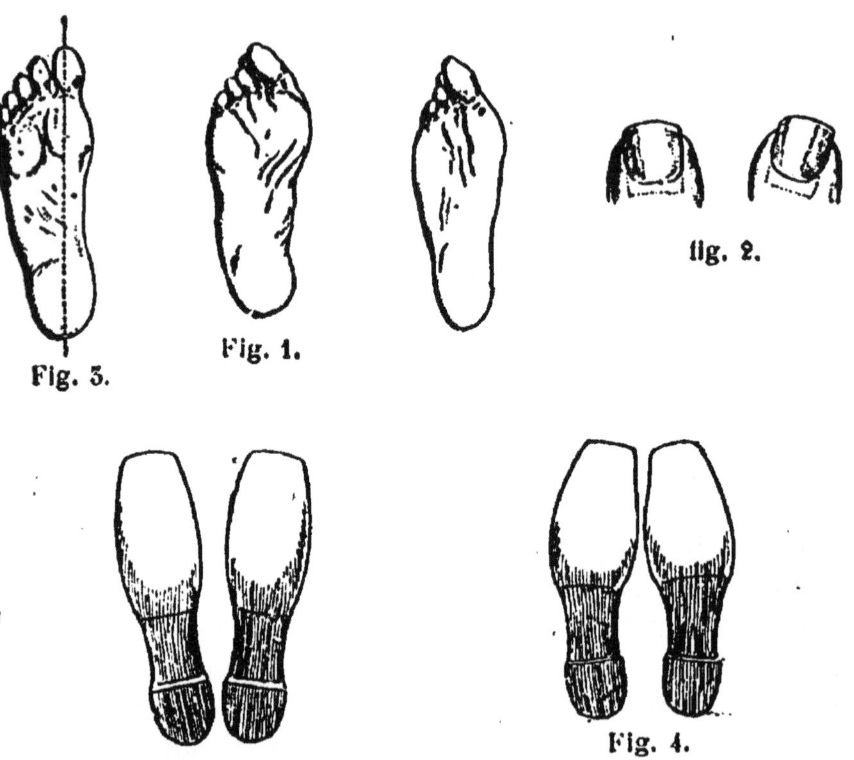

QUELQUES DESSINS DE PIEDS ET DE SOULIERS.

pieds sont déformés, que nous les voyons transformés en parterres à oignons et que les ongles incarnés sont loin d'être une rareté. Une bonne chaussure doit être souple, légère, tout en étant assez solide pour protéger le pied; hermétiquement close pour empêcher l'entrée du sable et de l'humidité; elle doit être appropriée à la température et permettre aux nombreuses articulations du pied de jouer librement. Une chaussure bien faite serait celle qui s'inspirerait absolument de la forme du pied; malheureusement la mode et l'habitude en ont décidé autrement; presque toujours l'extrémité antérieure de la chaussure est trop étroite et force les orteils à prendre les formes les plus biscornues les obligeant à chevaucher les uns sur les autres (fig. 1), déformant leurs extrémités (fig. 2), renversant les orteils, etc., etc. — D'un autre côté, la forme des chaussures est symétrique tandis que nos pieds sont loin de l'être; vous n'avez pour vous en rendre compte qu'à regarder la figure 3, ces divergences provoquent l'affaissement de la voûte plantaire, la jambe dévie en dedans et le pied est rejeté en dehors. Des chaussures rationnelles (fig. 4), qui peuvent nous paraître d'un aspect étrange parce que nous ne sommes pas habitués à leur forme, auraient le grand avantage de nous procurer une marche facile avec bien moins de fatigue.

Mais puisque les chaussures idéales n'existent pas, ou tout au moins ne sont pas encore d'un usage courant, faisons notre possible pour choisir des souliers se rapprochant autant que faire se peut de l'idéal rêvé : qu'ils soient assez larges, souples, bien étanches et munis de talons peu élevés.

Chaque mère de famille devrait acheter à chaque enfant deux paires de souliers, surtout en hiver. Je sais bien que c'est une grosse dépense, mais par les journées pluvieuses les chaussures n'ont vraiment pas le temps de sécher du soir au matin : l'enfant est donc condamné à mettre des chaussures humides et à les garder toute la journée; mieux vaudrait pour lui aller pieds nus, comme certain pasteur protestant qui, pour se rendre d'un village à l'autre, suspendait ses chaussures à son cou afin de les économiser. Il y aurait un autre moyen, c'est de leur faire porter des sabots, ce qui est le plus pratique, surtout dans les contrées humides.

Les occasions. Enfin en terminant laissez-moi vous mettre en garde contre les *occasions*. Combien de ménagères qui après avoir économisé bien parcimonieusement afin d'équilibrer leur budget si difficile à établir, se laissent entraîner à la vue de tel ou tel article avantageux! Certes il pourra leur servir, je les crois trop sérieuses pour se laisser aller à acheter un objet vraiment inutile au ménage, mais puisqu'on pouvait s'en passer pourquoi l'avoir acheté? Pourquoi s'être ainsi créé un sujet de crainte ou tout au moins d'ennui?

N'allez pas vous promener dans les grands magasins, l'air y est vicié et la vue de tous ces objets desquels vous pouvez avoir plus ou moins envie ne vous vaut rien. Une bonne promenade hors ville, voilà qui est préférable pour les jours de congé. Attendez d'avoir vraiment besoin d'un objet quelconque avant de vous décider à aller dans les magasins, et une fois que vous y êtes résistez à toutes les tentations et ne faites emplette que des objets que vous vous êtes proposé *à l'avance* d'acheter.

Conclusion. Nous concluons donc en disant qu'on peut être bien mis à peu de frais à condition d'avoir de l'ordre, d'être propre et économe et de faire usage de son bon sens; à condition aussi de ne pas s'astreindre à la mode et à ses exagérations, de soigner sa garde-robe, de l'approprier à ses besoins e de fuir les occasions tentantes qui bouleversent les budgets.

Résumé.

Il faut souvent changer de linge : le linge ne s'use pas davantage pour cela, car étant moins sale on le frotte moins en le lavant. Pour économiser le linge deux moyens sont à notre disposition : être d'une grande propreté corporcelle et changer de linge la nuit. — Le linge sale doit être mis à l'abri des souris. — Jamais on ne doit serrer dans l'armoire que du linge soigneusement lavé, raccommodé et repassé. — Il faut renouveler le linge petit à petit au fur et à mesure des besoins.

Les vêtements proprement dits doivent le plus possible être en tissu lavable. — Lorsqu'on met les vêtements de laine de côté, il faut se méfier des mites. — La loi qui domine toute la question du vêtement est la suivante : Nos vêtements ne sont bien compris que s'ils n'entravent en rien notre circulation.

DOUZIÈME LEÇON PRATIQUE

Bœuf braisé. — Emploi des restes de pain.
Beignets Marguerite.

QUATRIÈME PARTIE

COMMENT NOUS DEVONS NOUS LOGER

—

TREIZIÈME LEÇON

CHOIX DE L'HABITATION

SOMMAIRE. — Choix de l'habitation.. — Conditions qu'elle doit remplir. — L'exposition et la situation. — Les parois. — La lumière lumière directe, lumière réfléchie et lumière diffuse. — Les fenêtres.

Choix de l'habitation. Voici certes une des questions qui préoccupent le plus vivement la maîtresse de maison, c'est l'une des plus difficiles à résoudre car elle est des plus complexes, elle relève à la fois de l'hygiène et de l'économie domestique. Taine dans sa *Philosophie de l'art* démontre à chaque pas l'influence morale énorme que le milieu exerce sur l'individu; et Pascal, lorsqu'il nous dit « que rien n'arrive sans raison, et que le hasard est la résultante de causes qui nous sont inconnues », peut ranger parmi ces causes les conditions de vie dans lesquelles les êtres sont placés. — En effet, du haut en bas de l'échelle sociale, vous pourrez constater combien un intérieur agréable et bien tenu est un aimant puissant pour les membres de la famille, combien aussi il exerce une action bienfaisante sur leurs sentiments et sur leur santé.

Conditions qu'elle doit remplir.

L'habitation doit nous protéger contre les brusques variations de la température, elle doit nous soustraire à l'humidité et à ses conséquences funestes, nous permettre de recevoir une lumière abondante et de respirer un air pur, et tout cela en n'excédant pas le chiffre modesté que nous pouvons lui attribuer dans notre humble budget.

L'exposition et la situation.

Étudions d'abord les conditions hygiéniques, nous parlerons ensuite de la question économique. Certes le choix du logis dépend un peu des goûts, des occupations, de l'âge des nôtres. Un vieillard aimera une chambre ensoleillée, bien exposée au midi; un artiste ayant besoin d'une lumière uniforme préférera un appartement exposé au nord; cependant pour la maison en tant qu'habitation simple, je crois qu'il vaut mieux choisir celle exposée à l'est. En effet l'exposition nord et l'exposition au midi offrent des inconvénients graves; l'une parce qu'elle est trop froide en hiver, l'autre parce qu'elle est trop chaude en été. Quant à l'exposition ouest elle n'est guère recommandable dans nos régions; presque toute la pluie vient de ce côté et l'humidité est notre ennemi le plus redoutable. Mais avant tout prenez un appartement qui reçoive, au moins durant une partie du jour, les rayons directs du soleil; qu'il soit plutôt situé dans une partie élevée de la ville que dans un bas-fond. L'eau qui s'accumule facilement dans les parties basses des terrains envoie vers l'intérieur de l'habitation des émanations délétères.

Autant que possible ne louez un appartement qu'après vous être informé de la nature des usines qui sont à proximité; sachez si elles ne donnent lieu à aucune émanation désagréable[1]; évitez le voisinage des hôpitaux, des marchés, en un mot des *agglomérations* d'individus. C'est pour cette raison aussi qu'il faut préférer les maisons contenant peu de locataires ou mieux encore les maisons habitées par une seule famille.

Une question des plus importantes lorsqu'on va louer ou acheter une maison, c'est de savoir de quelle manière on pourra s'approvisionner *d'eau* de bonne qualité. Je ne saurais trop vous recommander, si c'est un puits qui doit vous alimenter, d'en faire analyser l'eau avant de l'employer pour les besoins journaliers. La scarlatine, la fièvre typhoïde, d'autres maladies encore, peuvent provenir d'une eau de mauvaise qualité ou d'une eau à laquelle se mêlent les infiltrations des eaux ménagères ou des lieux d'aisance.

Les parois.   Tous les murs, quels qu'ils soient, sont perméables à l'air[2], mais cette perméabilité diminue avec leur épaisseur. Par conséquent, plus les murailles d'une maison sont épaisses, plus on y vit confortablement, non seulement parce qu'on y est moins exposé aux variations de la température, mais aussi parce qu'on s'y sent plus chez soi. Mais, me direz-vous, puisque les murs sont perméables à l'air, ne sont-ils pas aussi perméables à l'humidité et ne serait-il pas à souhaiter qu'on arrivât à employer des matériaux absolument compacts ou imperméabilisés? Il existe deux causes d'humidité dans l'appartement, les causes extérieures et celles dont nous sommes nous-mêmes l'origine. Chacun de nous n'évapore-t-il pas en moyenne 1500 grammes d'eau par jour? Si nos murs étaient imperméables, nous nous trouverions bientôt

1. Je ne dis pas *malsaine*, car les municipalités ont le devoir d'empêcher l'établissement de toute usine pouvant offrir un danger pour a santé publique.
2. Pettenkofer et Layo.

dans la situation des personnes qui portent un vêtement de caoutchouc, nous serions dans une atmosphère humide et malsaine, dans une sorte de brouillard. C'est aussi pour éviter l'humidité qu'il ne faut jamais habiter une maison avant qu'elle soit complètement asséchée; « essuyer les plâtres », suivant une expression populaire énergique, n'a jamais rien valu pour la santé des hommes.

Voici pour les *parois verticales*; pour les parois horizontales, les *planchers*, d'après tout ce que je vous ai dit au moment où je vous parlais de la manière de les nettoyer, leçon qui serait à répéter ici[1], vous avez déjà conclu que les planchers doivent être faits en bois dur, les joints bouchés et peu nombreux.

Le logis doit être clair et ensoleillé. L'habitation remplissant tous les *desiderata* que nous venons d'indiquer est un *abri contre les variations de la température*, mais il faut en outre qu'elle nous permette de jouir d'une *lumière abondante, de respirer un air pur*, et, si la température s'abaisse, qu'elle nous fournisse les moyens de l'élever à un degré suffisant.

La *lumière* est une condition indispensable au développement normal de l'homme. Elle a une action tonifiante, oxydante et microbicide. Le problème qui se pose à nous est donc le suivant : comment faut-il faire pour profiter le plus possible de l'action bienfaisante du soleil? Nous nous éclairons de trois manières : par la *lumière directe* du soleil, par la *lumière diffuse* ou par la *lumière réfléchie*. Or, c'est la lumière directe qui éclaire le mieux et qui a sur les micro-organismes l'action la plus énergique; puis vient la lumière diffuse, enfin la lumière réfléchie.

La lumière solaire directe détruit les germes de la fièvre typhoïde, de la dysenterie, du pus; elle atténue

1. *Hygiène du soldat.* — Morache.

même la virulence du bacille du choléra[1]. Elle a sur nous une influence morale véritable que le Dr M. de Fleury constate, lui aussi, dans un de ses derniers ouvrages : « Le soleil donne ce sentiment d'aisance, cette légèreté du corps, cette démarche vive, cette tendance à espérer, cet optimisme que les Grecs désignaient sous le nom d'*euphora*[2] ». Nous devons donc

UNE CHAMBRE A COUCHER.

souhaiter vivement d'habiter des pièces éclairées par la lumière directe; rien n'est plus insuffisant que l'éclairage par la lumière réfléchie, ce que Trélat appelle la *lumière morte*, et c'est elle cependant qui éclaire la salle de l'Athénée dans laquelle nous nous trouvons et la plupart des maisons dans nos villes modernes. Même dans les rues bien larges, les ordonnances de police donnant la latitude d'élever les habitations qui les bordent à une hauteur égale à la largeur de la rue, nous perdons ainsi en partie les bénéfices hygiéniques que ces voies semblaient nous promettre. *Un espace libre suffisant autour de la maison* que nous habitons est donc une condition de santé et d'hygiène des plus importantes. Joignez à cela des croisées établies dans des conditions logiques, s'ouvrant toutes

1. Expériences de Palestrino, etc.
2. *Le corps et l'âme de l'enfant*. — M. de Fleury.

directement vers l'extérieur et plutôt plus hautes que larges, puisque c'est par la partie supérieure des fenêtres que pénètre la plus grande quantité de lumière. *Le linteau doit être placé le plus haut possible. La fenêtre doit occuper le quart de la face d'éclairage.* Au point de vue pratique, que résulte-t-il de ces connaissances hygiéniques? On pourrait répondre : « un renversement complet de certaines de nos conceptions économiques ». Autrefois, en effet, nos mères fermaient les volets dès qu'il y avait un peu de soleil; nous, au contraire, nous les ouvrirons largement et, nous rappelant que le soleil est un désinfectant énergique, nous lui permettrons de pénétrer partout dans nos appartements, dans les coins et les recoins, et cela le plus longtemps possible. Nous en serons quittes pour choisir des rideaux de nuance solide ou pour n'en pas mettre, car le principal, c'est de se bien porter.

Ces notions vous feront comprendre aussi l'importance de la théorie des *espaces libres,* si en honneur aujourd'hui. Elle consiste à demander que de larges places, des squares, des jardins fassent dans les villes des sortes de trouées d'air et de lumière où l'on puisse aller respirer librement.

Résumé.

Le choix de l'habitation est des plus importants, la santé morale et physique des individus en dépend en grande partie.

L'habitation doit nous protéger contre les brusques variations de température sans nous priver d'un air pur et d'une lumière abondante. — Lorsqu'on choisit une habitation, il faut se préoccuper de sa situation, de son exposition, et éviter les agglomérations. Il faut avant de louer une maison se rendre compte de la qualité de l'eau qui l'alimente. Les murs de la maison doivent être épais, les planchers durs et mastiqués. — La lumière est une condition de vie; seule la lumière directe a une action véritable. Laissons pénétrer le soleil partout librement.

Encourageons les municipalités dans la théorie des espaces libres.

TREIZIÈME LEÇON PRATIQUE

Préparation des légumineuses. — Gâteau de semoule

QUATORZIÈME LEÇON

COMMENT NOUS DEVONS NOUS LOGER (Suite).
LA VENTILATION

SOMMAIRE. — LA VENTILATION. — Causes de viciation de l'air. — Comment on combat la viciation de l'air : 1° en construisant de grandes pièces; 2° en les aérant; 3° en supprimant les causes de viciation. — Vitres du D' Castaing. — Water-closets et éviers.

Causes de viciation de l'air.

En respirant l'homme souille l'air qui l'entoure; en effet, il exhale, ainsi que je vous l'ai déjà dit[1], de la vapeur d'eau, de l'acide carbonique, du gaz ammoniac, etc., et d'autres substances encore mal déterminées que Brown-Séquard et d'Arsonval ont appelées le *poison pulmonaire*. A cela viennent se joindre les poussières organiques multiples, écailles cutanées, etc., qui viennent flotter dans l'air, les produits de la perspiration cutanée, etc. Toutes ces exhalaisons ont peu d'importance pour l'homme qui vit à l'air libre, l'air expiré se mêle au grand volume de l'atmosphère et n'incommode personne; mais vous comprenez qu'il n'en est plus ainsi dans la maison. D'autant plus que ce ne sont pas là les seules raisons qui vicient l'air; il en est d'autres que je vous ai déjà indiquées : les lumières, les poêles mal compris, les miasmes qui se dégagent des foyers ménagers, des immondices de toutes sortes, etc.

L'air est un *oxydant* et un *vivifiant*; il l'est d'autant plus qu'il est pur; respirer un air impur prédispose

[1] Sixième leçon.

l'homme à une moindre résistance et peut avoir des conséquences funestes.

Cependant ce principe si vrai, si nettement démontré, est chaque jour oublié par plus d'une ménagère, par plus d'une mère. Derrière les croisées fermées, les petits s'étiolent, tandis qu'ils s'épanouiraient à l'air libre sous le soleil resplendissant!

Quels moyens avons-nous de combattre la viciation de l'air de nos demeures?

Ces moyens sont au nombre de trois :
1° Faire, ou plutôt occuper des appartements assez grands pour que l'air ne s'y vicie pas trop vite.
2° Renouveler cet air au moyen de la *ventilation*.
3° Écarter les causes de viciation, c'est-à-dire ne pas salir plutôt que de nettoyer.

1. *Il faut faire des appartements assez vastes.* Si quelqu'un vous demandait d'évaluer le volume d'air d'une chambre, vous diriez certainement, en bonnes élèves que vous êtes, qu'il dépend du produit de la surface de la chambre multiplié par sa hauteur; et en général vous auriez raison. Au point de vue hygiénique cependant, il y aurait une restriction à faire, c'est que la hauteur de la pièce, au-dessus de 4 mètres, n'entre plus en ligne de compte; car au delà de cette hauteur l'air n'est plus utilisé pour la respiration, et le seul résultat auquel on arrive, c'est d'avoir des pièces difficiles à chauffer; il faut ajouter que ce fait se présente rarement. D'un autre côté, du volume de la chambre il faut soustraire le volume des objets qui s'y trouvent; c'est pourquoi on ne saurait trop vous répéter d'éviter l'encombrement des tentures et des meubles, ils prennent la place de l'air, si indispensable à notre vie. — La Commission d'hygiène de Paris a décidé de refuser toute pièce destinée à l'habitation permanente de jour et de nuit

offrant moins de 14 mètres cubes par personne ; et c'est là certes un minimum. Une chambre ayant 4 mètres sur toutes ses faces ($4 \times 4 \times 4 = 64$ m. c.), occupée par le mari et la femme, est tout juste assez grande, et pour peu qu'il vienne s'y ajouter un berceau, elle devient exiguë. Or, combien est-il de chambres plus petites même dans des maisons riches ! Combien de femmes qui gardent les grandes pièces pour y recevoir une fois tous les huit ou tous les quinze jours leurs connaissances, et qui se contentent de vivre *tous les jours* dans des espaces insuffisants ! Mais, me direz-vous, ne pourrait-on remplacer le cubage par une ventilation plus énergique ? Non, pas complètement, car on ne peut renouveler plus de trois fois dans une heure l'air d'un appartement sans déterminer de véritables courants d'air.

II. *Il faut renouveler l'air par la ventilation.* Cependant même dans des espaces suffisamment vastes il faut renouveler l'air par la ventilation.

En vous parlant de l'entretien de la maison (Leçon VI), je vous ai dit comment la ménagère pouvait nettoyer l'atmosphère de la demeure au moyen de courants d'air, mais pour cela il faut qu'elle dispose d'ouvertures opposées. Je ne comprends même pas comment on tolère encore des habitations n'ayant qu'une ouverture ou n'en ayant que deux situées du même côté, et cependant à l'heure actuelle, il existe encore en France 219 270 maisons n'ayant qu'une ouverture, la porte ; et 1 656 636 maisons qui n'en ont que deux, la porte et la fenêtre presque toujours situées du même côté. A quoi nous sert-il donc de savoir que l'air pur est indispensable à la santé de l'être humain ? Et tout nous le prouve ! N'avez-vous pas entendu parler de maisons spéciales situées à de hautes altitudes où l'air est précisément très pur, et dans lesquelles, grâce à cette pureté de l'atmosphère, on guérit des maladies graves telles

que la phtisie? Pourquoi ne pas appliquer ces connaissances à la vie usuelle? Heureusement que bien souvent nous nous aérons sans le savoir par les parois,
par les fentes des portes et des fenêtres, etc. — Je vous
parlerai tout à l'heure des habitations à bon marché
qu'on a construites dans de nombreuses villes françaises;
toutes ces habitations à côté des avantages mul-
tiples qu'elles nous of-frent devraient encore inaugurer des systèmes de ventilation simples et pratiques. Pourquoi, par exemple, ne pas éta-blir une vitre du Dr Cas-

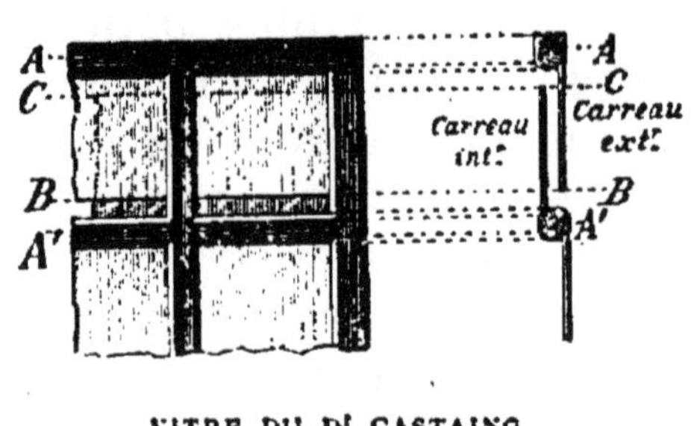

VITRE DU Dr CASTAING

taing à chacune des croisées de la maisonnette?

Les vitres du Major Castain sont composées de deux
vitres parallèles montées sur un même châssis, distantes
d'un demi-centimètre environ; la vitre extérieure est
coupée trop court de façon à ménager un espace de
4 centimètres environ entre son bord inférieur et la
partie inférieure de la feuillure ; la vitre supérieure est,
au contraire, coupée dans sa partie supérieure d'une
hauteur de 4 centimètres également.

Ces vitres permettent un échange d'air et seraient
surtout appréciées durant la mauvaise saison, où elles
viendraient compléter la ventilation des foyers.

En effet, une cheminée brûlant 1 kilogramme de bois
par heure renouvelle durant ce laps de temps de 50 à
100 mètres cubes d'air, grâce à l'appel que provoque le
foyer en ignition. C'est donc un excellent moyen de
ventilation.

III. *Écarter les causes de viciation de l'air*. Déjà nous
avons traité cette question en partie, nous avons dit

que l'homme doit se baigner le plus souvent possible, qu'il doit laver ses vêtements, mettre hors de la chambre à coucher ceux qu'il a portés durant le jour; qu'il doit éloigner de l'habitation. les matériaux d'usure: déchets de cuisine, eau de toilette, etc. — Il nous faut encore ajouter que dans chaque maison les lieux d'aisances doivent être très proprement tenus, qu'on doit exiger des propriétaires qu'ils isolent le contenu des fosses de l'air de l'habitation au moyen d'un obturateur siphoïde comparable à celui que je vous

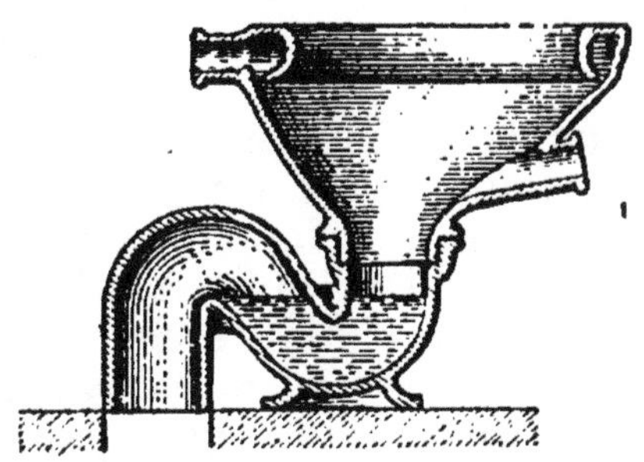

W. C. SYSTÈME A L'ANGLAISE

ai indiqué (Leçon VI) en parlant de l'évier. Les ménagères qui ne peuvent pas faire installer chez elles ce système devraient toujours poser dans les cabinets d'aisances une cruche d'eau saturée de sulfate de fer ou de sulfate de cuivre.

Le sulfate de fer est un *désodorisant*, il coûte très bon marché, et il est très facile à employer. On en met une quantité quelconque au fond de la cruche, on verse de l'eau par-dessus et on renouvelle cette eau au fur et à mesure des besoins tant qu'il reste du sulfate de fer. Chaque fois qu'on lave la cuvette ou qu'on la vide on finit en y versant un peu d'eau sulfatée. Grâce à cette précaution si simple et aux *tuyaux d'évent* qui aèrent les fosses en portant leurs émanations au loin, on peut éviter toute mauvaise odeur dans la maison. Et l'on ne saurait trop insister sur la nécessité absolue qu'il y a à tenir *très proprement*.cette partie de nos habitations: vos cuisines auront beau être étincelantes, les planchers de vos chambres éblouissants; si les lieux d'aisances sont sales, la maison tout entière prendra un caractère négligé et malpropre. Combien de gens qui ne savent aller dans cet endroit sans le sâlir horriblement; le père, la mère, doivent habituer leurs enfants dès leur plus jeune âge à faire attention et à se conduire sous ce rapport comme sous tous les autres en gens bien élevés. Si j'insiste sur ce sujet, c'est qu'il est d'une importance extrême.

Résumé.

Respirer un air impur prédispose à une moindre résistance et peut avoir des conséquences funestes. Il faut donc occuper des appartements assez vastes et renouveler souvent l'air qu'ils renferment. Le volume d'air contenu dans une chambre est égal au produit de sa base par sa hauteur, *moins le volume des meubles qui s'y trouvent.* La ventilation ne peut pas complètement compenser le manque d'espace. Pour respirer un air pur, il faut donc : des pièces assez vastes, une ventilation bien établie et la suppression de toutes les causes qui vicient l'atmosphère.

QUATORZIÈME LEÇON PRATIQUE

Morue en sauce blanche.— Pommes de terre en robe de chambre.

QUINZIÈME LEÇON

COMMENT NOUS DEVONS NOUS LOGER (Suite et fin). L'ÉCLAIRAGE ET LE CHAUFFAGE.

SOMMAIRE. — DE L'ÉCLAIRAGE : la lampe, son verre et son abat-jour. — Conditions qu'elle doit remplir. — Du pétrole. — Effets oxydants de la lampe. — Autres modes d'éclairage. — Quand faut-il préparer les lampes ?
LE CHAUFFAGE. — Les cheminées. — Les poêles. — Inconvénients de ces deux systèmes de chauffage. — Cheminées parisiennes. — Le meilleur combustible. — Les feux de cheminée.
LE LOYER. — Les habitations à bon marché.

La lampe. Lorsque l'hiver vient, groupée autour de la lampe toute la famille se réunit en bénissant la bienfaisante clarté qui permet à chacun de continuer sa besogne. En est-il beaucoup d'entre vous qui aient réfléchi aux inconvénients d'un mauvais éclairage, qui sachent reconnaître un bon pétrole d'un pétrole mauvais et dangereux? Et cependant chaque soir il faut éclairer la chambre et nous apprenons trop souvent que telle ou telle personne a payé de sa vie son ignorance et sa maladresse. Combien existe-t-il de ménages où il n'y a ni verre, ni abat-jour sur la lampe! On travaille comme on peut à la clarté d'une flamme plus ou moins vacillante qui répand une lumière insuffisante. Mais si vous faites une observation à la ménagère, elle vous répondra que les lampes à abat-jour sont un objet de luxe, bon tout au plus pour les gens riches; qu'elles coûtent plus cher, et que sais-je encore! Son erreur est double. La bougie revient aussi cher, revient plus cher et elle éclaire insuffisamment, ce qui, à la longue, peut rendre les yeux malades et dans tous les cas les fatigue.

Son verre. De plus, ainsi que vous pourrez vous en convaincre en approchant votre main d'une source de lumière, les rayons lumineux sont accompagnés de rayons caloriques, obscurs en grande partie ; ces rayons exercent une action desséchante sur le milieu de l'œil et une action irritante sur le bord des paupières (conjonctive).

Or une grande partie de ces rayons ne traverse pas le verre qui en arrête environ les deux tiers. L'utilité des verres, si grande déjà puisqu'ils régularisent la flamme et activent la combustion, est encore accrue par ces faits particuliers.

Son abat-jour. D'un autre côté, en interposant entre l'œil et le foyer lumineux un écran qui s'appelle un abat-jour, on ménage l'œil qui ne se fatiguera plus en recevant trop directement les rayons lumineux. Et si l'on prend un abat-jour métallique peint à l'extérieur et formant réflecteur à l'intérieur, facile à nettoyer et à laver, il ne se perd pas de lumière. Nous voici décidées pour une lampe bien simple, bien massive, afin qu'on ne puisse pas la renverser ; comment faire maintenant pour éviter tous les accidents dont on nous parle chaque jour ?

Le pétrole. Le pétrole n'est pas par lui-même un corps bien dangereux, mais il s'y mélange un gaz facilement inflammable et explosible, le *naphte*, sans lequel il ne brûlerait que difficilement. Suivant que le pétrole contient plus ou moins de naphte, il est classé dans la première ou dans la deuxième catégorie des pétroles. Or, pour s'assurer de la qualité du pétrole, il suffit d'en verser dans une soucoupe qu'on pose aussi loin que possible de tout objet inflammable, — dans une cour ou dans un jardin, — on

y jette une allumette enflammée; si le pétrole est bon,
l'allumette s'éteint. Le pétrole doit être fluorescent,
clair, presque sans odeur.

La connaissance de la composition du pétrole nous
permet de déduire certaines conséquences qui nous
serviront à éviter les accidents : il faut remplir les
lampes complètement afin que, dans l'espace laissé
vide, il ne se forme pas de vapeurs de naphte, vapeurs
explosibles et inflammables. Comment éteignez-vous
une lampe à pétrole? — En soufflant sur la flamme! —
Eh bien, vous avez tort; la flamme refoulée ainsi brus-
quement vers le récipient peut enflammer les vapeurs
de naphte qui se sont formées au-dessus du liquide et
provoquer une explosion. Vous éteindrez donc votre
lampe en baissant la mèche suffisamment.

Si, malgré toutes les précautions prises, le malheur
voulait que, soit en renversant une lampe, soit pour
une autre raison quelconque, le pétrole prît feu un
jour, rappelez-vous qu'on ne l'éteint pas avec de l'eau,
mais qu'il faut l'étouffer avec des cendres, du sable ou
des couvertures de coton. — Ne prenez pas de tissus
de laine qui, imbibés de pétrole, deviennent extrême-
ment inflammables.

Une lampe qui brûle consomme à peu près autant
d'air que six à huit personnes, donc dans les espaces
où brûleront plusieurs lampes il est nécessaire de renouveler l'air de temps en temps.

L'essence minérale. C'est l'éclairage au pétrole qui pour la
famille est jusqu'à présent le moins coû-
teux. Cependant quelques ménagères
s'obstinent à employer aussi de l'essence minérale, surtout pour les petites lampes légères, nécessaires pour se déplacer dans la maison. L'essence ne

revient pas cher, c'est certain, mais elle est d'un emploi dangereux; il faut non seulement ne jamais remplir une lampe à essence le soir, dans le voisinage d'une flamme quelconque, mais il ne faut même pas la poser au-dessus d'un fourneau allumé, la chaleur produite pourrait suffire à provoquer l'éclatement de la lampe et par contre-coup de graves accidents. Il ne faut pas non plus la remplir complètement.

C'est le matin, de bonne heure, que la ménagère doit nettoyer et remplir toutes les lampes, c'est une mesure d'ordre et en même temps une mesure de prudence élémentaire.

Le chauffage. Enfin il nous reste à savoir quelle est la meilleure manière de nous chauffer.

Nous pouvons chauffer nos habitations, soit par un foyer à air libre qui élèvera la tempéra-

UNE CHEMINÉE

ture par rayonnement, soit en allumant du feu dans un récipient dont il chauffera les parois qui à leur tour échaufferont l'air ambiant. Les *cheminées* chauffent par rayonnement, les *poêles* par échauffement des parois. Les premières sont d'excellents ventilateurs, les seconds aident plutôt à vicier l'air des appartements; il y a malheureusement presque toujours compensation entre les propriétés ventilatrices d'un système de chauffage et ses propriétés calorifiques. En effet, les cheminées utilisent très peu de la chaleur fournie par le combustible, à peine 10 pour 100; celles qui ont des bouches de chaleur donnent jusqu'à 20 pour 100 de la chaleur produite; mais, vraiment, ce n'est ni un procédé pratique, ni un procédé bien économique, et je crois que sous ces deux rapports un petit poêle vous donnera plus de satisfaction.

Pour contre-balancer l'action mauvaise que les poêles exercent sur l'atmosphère de l'appartement, il suffira d'établir une ventilation rationnelle, soit par une vitre de Castaing, soit en ouvrant de temps à autre la croisée.

Joly, un hygiéniste remarquable, définit ainsi les cheminées : « De petites boîtes carrées en métal et en poterie avec deux ouvertures, l'une placée en avant pour y déposer le combustible, l'autre placée en haut pour diriger vers le toit par la cheminée qui fume 95 pour 100 de ce combustible. Elles ont pour effet d'envoyer à l'extérieur l'air chaud de l'appartement et d'attirer à sa place sous la forme la plus perfide, c'est-à-dire par les fentes, une grande quantité d'air froid, qui nous arrive de la manière la plus fâcheuse par les pieds. »

Le poêle de fonte est certainement le plus économique, il emploie peu de combustible proportionnellement à la chaleur qu'il produit, car il rend 85 à 95 pour 100 de cette chaleur, mais il offre des inconvénients nombreux : 1° il produit, surtout lorsqu'il est rouge, de l'oxyde de carbone; 2° il déssèche trop l'air pour que celui-ci reste dans de bonnes conditions pour nos poumons[1]; 3° lorsqu'on le nettoie avec de la mine de plomb, il donne lieu à des productions d'oxyde de carbone assez énergiques pour provoquer de véritables empoisonnements; 4° enfin s'il s'échauffe rapidement, il se refroidit de même. Pour pallier à tous ces défauts, on a inventé des appareils de chauffage à double enveloppe : la *cheminée parisienne*, le *poêle belge*;

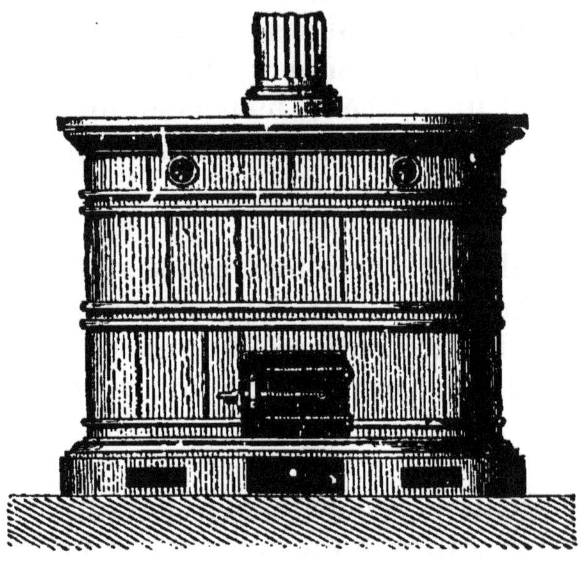

UNE CHEMINÉE

la forme importe peu d'ailleurs, tout dépend du principe; l'air circule entre les deux parois du poêle, il arrive par le bas, se réchauffe au contact du foyer et se déverse dans l'appartement. Ces poêles, tout en s'échauffant rapidement, ont l'avantage de produire moins d'oxyde de carbone et, grâce à leur double enveloppe, de conserver la chaleur longtemps, mais ce sont encore des ventilateurs insuffisants.

En tout cas, ce qu'il faut absolument proscrire de

1. Pour parer à cet inconvénient, il suffit de poser sur le poêle un récipient renfermant de l'eau et offrant une surface égale au quart de la surface totale du poêle.

vos demeures, ce sont les POÊLES MOBILES. Vous savez très bien maintenant que tout foyer qui brûle consume l'oxygène de l'air et produit de l'acide carbonique, de l'oxyde de carbone, etc., c'est-à-dire prend un élément qui est indispensable à notre vie pour le remplacer par des gaz mortels; vous comprendrez donc à quel danger terrible on s'expose en ayant dans un appartement des foyers allumés qui ne déversent pas leurs produits de combustion directement dans l'atmosphère extérieure, on s'expose à l'asphyxie, et tous les ans les journaux

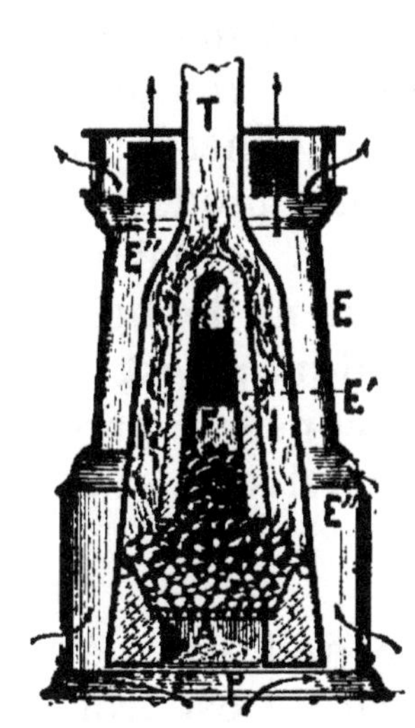

UN POÊLE

UNE CHEMINÉE PARISIENNE

relatent des accidents mortels provoqués simplement par ce système de chauffage néfaste. Il ne faut jamais tourner la clef des poêles pour éviter qu'ils ne brûlent trop fort, et cela surtout dans les chambres à coucher[1]. Le résultat le plus certain auquel on arrive ainsi, c'est d'empêcher les produits de la combustion de passer par la cheminée et de les obliger à se déverser dans la pièce; ce qui peut causer l'asphyxie, ou tout au moins des malaises graves.

1. Il est sain de dormir dans une chambre non chauffée. Si pour une raison quelconque, l'humidité par exemple, en est dans l'obligation de chauffer les chambres, le mieux est de faire du feu quelques heures avant le coucher.

En résumé tout appareil de chauffage est bon lorsqu'il chauffe l'appartement d'une façon suffisante, lorsque les produits de la combustion sont déversés au dehors et lorsqu'il contribue dans une certaine mesure à la ventilation de l'appartement.

Le combustible. . Quant aux qualités économiques d'un combustible, elles dépendent de son prix de revient, de sa puissance calorifique, de son inflammabilité. Le combustible le plus sain et le plus agréable, c'est sans contredit le bois; un feu de bois est un véritable compagnon. En regardant les tisons se consumer lentement, il semble au vieillard voir se dérouler devant lui ses années de jeunesse; il les revit et il est reconnaissant aux quelques modestes bûches qui lui ont donné l'illusion la plus agréable, celle d'un rajeunissement! Malheureusement le bois n'est pas le combustible le plus économique; c'est la houille qui revient le moins cher; elle se conserve parfaitement à l'air libre, donne une chaleur vive et sans mauvaise odeur.

La température d'un appartement ne doit pas dépasser 15 à 16 degrés. Lorsque la température est trop élevée, elle dessèche l'air et accélère les fermentations putrides; lorsqu'elle est trop basse, elle active l'éclosion des pneumonies, surtout chez les vieillards et chez les enfants. Ayez donc un thermomètre dans vos chambres chauffées.

Les feux de cheminée. Quelquefois la suie des cheminées peut s'enflammer et occasionne des feux de cheminée qui, s'ils sont de longue durée, peuvent provoquer l'éclatement du conduit et quelquefois même propager l'incendie aux poutres avoisinantes. Pour arrêter un feu de cheminée qui commence, faut-il jeter de la fleur de soufre sur le feu, ainsi qu'on le recommande si souvent? Le procédé est risqué, il peut donner naissance à un excès de gaz sulfureux qui sous une haute pression peut provoquer l'éclatement du corps de la cheminée. Le plus simple, c'est de boucher hermétiquement l'ouverture inférieure de la cheminée, soit au moyen d'un drap mouillé, soit de toute autre manière pratique. Privé d'air, le feu meurt de lui-même. Le mieux, c'est d'éviter de pareils accidents en faisant ramoner les cheminées au commencement de l'hiver. Il faut alors avoir la précaution de se faire donner un reçu daté et signé par le ramoneur, pour éviter les discussions avec les compagnies d'assurances en cas d'incendie.

Le loyer. Maintenant, me direz-vous, que nous connaissons toutes les conditions nécessaires pour qu'une habitation soit hygiénique nous ne pourrons plus nous décider à vivre avec nos enfants dans une pièce sombre servant à la fois de cuisine et de chambre à coucher; nous avons compris la nécessité d'un air pur, d'une lumière resplendissante, nous rêvons de soleil et d'espace.

Mais comment obtenir tout cela, les loyers sont si chers, nos ressources si petites, la dépense sera en disproportion avec notre revenu?

Il est bien évident que c'est là une objection sérieuse. Les traités d'économie domestique recommandent toujours de ne pas consacrer plus du 6ᵉ du revenu au loyer. Mais lorsque ce revenu atteint seulement 12 ou 1500 fr., le sixième serait une dépense exagérée. En réalité le loyer peut égaler à peu près le $\frac{1}{10}$ du revenu; pour 1200 fr. cela ferait donc 110 à 120 fr. de loyer par an[1].

1. Lorsqu'on loue un local, il est d'usage, surtout à Paris, de donner un *denier à Dieu* égal à peu près au 1/50ᵉ du loyer au concierge. Dans

Comment pour une somme aussi modique trouver un logis qui réalise les conditions hygiéniques dont nous avons démontré l'absolue nécessité? Les principes d'hygiène ne signifient rien si l'on n'est pas en mesure de les appliquer et il y aurait certainement une sorte de cruauté à les exposer, aux gens qui avec la meilleure volonté n'y pourraient satisfaire. Cette impuissance pourtant est plus apparente que réelle.

Sans doute dans les grandes villes les appartements du centre sont chers; situés dans les vieilles maisons, entourés de hautes murailles, ils ne remplissent que très imparfaitement les conditions que je vous ai indiquées; mais qui nous oblige à choisir précisément ces appartements-là? Pourquoi ne pas aller habiter dans les quartiers extérieurs où il y a des voies larges, de l'air, de la lumière et même des jardins? A cela vous me répondrez que le travail étant au centre, il vaut mieux demeurer tout près. C'est une erreur, une erreur double. Car non seulement ce raisonnement vous entraîne à choisir une demeure malsaine, mais il vous prive de l'exercice le plus salutaire, de la *marche*. Habiter à une demi-heure du point où l'on est occupé oblige à une promenade quotidienne excellente, je dirai même indispensable, surtout pour ceux et pour celles qui ont une profession qui ne leur permet pas d'agir beaucoup. Je connais des enfants qui lorsqu'ils étaient tout jeunes allaient dans une école située à deux portes de la maison paternelle, ils étaient alors fluets et délicats. Lorsqu'ils sont devenus plus grands il leur a fallu quatre fois par jour franchir une distance de 35 à 40 minutes de bonne marche, et chose remarquable, ils se sont transformés en garçons solides et bien portants.

les 24 heures qui suivent la décision prise, on peut changer d'avis, le concierge doit rendre le denier. — Plus tard il est perdu.

Avant d'entrer dans une maison il faut établir un *état des lieux*. — Il faut faire enregistrer les baux dans les trois mois qui suivent leur établissement, sous peine d'amende. — Il faut payer son loyer avec la plus grande régularité.

Donc habiter assez loin de son travail n'est pas un inconvénient, et dans ces conditions il est facile de trouver de petites maisonnettes permettant et de ne pas grever le budget et de remplir toutes les conditions voulues. J'ai là devant les yeux un compte rendu de la *Société Bordelaise des habitations à bon marché* qui vient de bâtir à Bordeaux six groupes de maisonnettes et cela dans différents quartiers de notre ville[1].

Consultons les tarifs des trois premiers groupes : 1° le groupe J. Dollfus, 2° le groupe Jules Simon, 3° le groupe J. Siegfried, etc. Voici les renseignements que j'y trouve :

GROUPES	3 pièces, une cour ou un jardin.	4 pièces, une cour ou un jardin.	2 pièces, une cour ou un jardin.	5 et 6 pièces, une cour et un jardin.
	par mois	par mois	par mois	par mois
1° J. Dollfus.. . . .	22 fr. 60	26 fr. 35	—	—
2° J. Simon.	17 fr. 53	26 fr. 35	15 fr. 55	28 fr.
3° Jules Siegfried.	—	20 fr.	—	30 fr.

Enfin en payant tous les mois une petite somme supplémentaire égale en général à la moitié du loyer on se trouve au bout d'un certain nombre d'années possesseur de la maisonnette.

C'est la meilleure forme de l'épargne celle qui permet au travailleur, lorsqu'il est devenu vieux et que son labeur est moins productif, de se libérer du gros souci que représente toujours un loyer à payer.

Résumé.

Un bon éclairage est nécessaire à qui veut travailler, une fois le soleil couché.

Le plus pratique c'est d'avoir une lampe massive, à large

1. Il est évident que ces conditions changent avec les localités.

base, munie d'un verre et d'un abat-jour, alimentée de pétrole de bonne qualité.

Autant que possible, supprimez les lampes à essence minérale, dont l'emploi est toujours dangereux.

Une lampe qui brûle consomme autant d'oxygène que six ou huit personnes.

Un bon procédé de chauffage contribue à l'aération de l'appartement; sous ce rapport, les cheminées sont l'idéal, mais une bonne partie de la chaleur produite par la cheminée se perd; si bien que le procédé, tout en étant hygiénique, n'est guère économique; le chauffage par les poêles revient moins cher, mais il laisse à désirer sous le rapport de la ventilation. — La température moyenne d'un appartement doit être de 16 à 18 degrés.

Choisissez de préférence vos habitations loin du centre, vous y gagnerez d'avoir un logement plus confortable, dans un milieu plus sain et en dépensant moins.

QUINZIÈME LEÇON PRATIQUE

Le poisson frit. — Pommes de terre à la paysanne. — Œufs au lait.

CINQUIÈME PARTIE

COMMENT NOUS DEVONS SOIGNER NOS MALADES

—

SEIZIÈME LEÇON

LE MILIEU — LE MALADE
LE MÉDECIN — LES MÉDICAMENTS

SOMMAIRE. — LE MILIEU. — LE MALADE. — LE MÉDECIN. — LES MÉDICAMENTS. — Fabrication des tisanes, des cataplasmes, des sinapismes. — Application des vésicatoires. — La poche de glace. — Comment on prend la température d'un malade.

Toutes les femmes devraient savoir soigner les malades. C'est là pour ainsi dire une de leurs attributions naturelles. Mais pour bien la remplir il faut qu'elles sachent et qu'elles réfléchissent.

Le Milieu.   Il faut tout d'abord placer le lit de la ou du malade dans une chambre bien aérée et bien éclairée, éviter l'encombrement de quelque nature qu'il soit; encombrement de *visites* ou encombrement d'objets! Eloigner les commères bavardes et les tentures inutiles[1]. La propreté la plus absolue doit régner dans cette pièce, mais sans qu'on la balaie comme on ferait pour une chambre ordi-

1. Plus on a eu l'occasion de soigner des malades, plus on se rend compte de l'importance inouïe qu'ont pour eux le *calme*, le *silence*.

naire; en enlevant seulement la poussière dans tous les coins en y passant un linge humide de façon à ne pas la faire voltiger dans l'air. Il faut ne rien laisser traîner, tout bien mettre à sa place, avoir un meuble spécial, table ou commode, recouvert d'une nappe blanche sur laquelle on dépose tous les ustensiles nécessaires au malade. Rien ne donne à une pièce un air de désordre comme les objets traînant partout, les tasses, les cuillères encombrant tout, tachant les marbres des meubles ou des cheminées et attirant ainsi les mouches si désagréables aux malades.

Le malade. Matin et soir il faut faire la toilette du malade, à moins d'une défense absolue du médecin; il se trouve bien plus à son aise lorsqu'il est propre et que sa chevelure est bien ordonnée. Il faut supporter ses caprices, prévenir ses désirs, le soutenir par un air calme, même lorsqu'on le sait très malade.

Le médecin. Il faut faire la plus grande attention à tout ce que dit le médecin. Que d'erreurs seraient ainsi évitées! Si l'on n'a pas très bien compris ce qu'il voulait dire il faut lui demander poliment de nouvelles explications. Surtout n'oubliez pas de lui rendre un compte exact de ce qui s'est passé depuis sa dernière visite. Évitez de lui donner des conseils, comme beaucoup trop de femmes se le permettent, cela est ridicule et indispose le médecin contre vous.

Les médicaments L'ordonnance du médecin doit toujours être redemandée au pharmacien afin qu'on puisse la consulter en cas de besoin et surtout qu'on puisse la montrer au médecin s'il le désire. Les médicaments pour l'usage externe, toujours munis d'une étiquette rouge, doivent être serrés dans une armoire fermant à clef, loin des autres médicaments et des mains des enfants.

A côté des préparations du pharmacien les adjuvants confectionnés par la ménagère, bouillons, tisanes, cataplasmes, etc., jouent un certain rôle. Chaque femme doit savoir comment procéder lorsque le médecin ordonne quelques tasses de bouillon léger, de bouillon de volaille, de café, de thé, etc... Nous avons vu, dans la partie qui concerne notre enseignement pratique, comment on confectionne et le bouillon et le café; voyons les autres préparations.

Les tisanes. Les tisanes s'obtiennent, 1° par *macération*, 2° par *infusion* et 3° par *décoction*[1].

1° Pour préparer les premières on laisse, pendant plus ou moins longtemps séjourner les substances indiquées par le médecin, dans de l'eau froide :

Exemple : *Tisane de gentiane.*

On fait macérer la racine de gentiane durant 4 heures dans de l'eau, d'abord bouillie puis refroidie, ensuite on tamise le liquide. On prépare de la même façon la *Tisane de réglisse* si communément employée dans nos hôpitaux. On fait macérer 10 gr. de réglisse dans un litre d'eau froide durant deux heures puis on tamise.

2° Pour faire une infusion on verse de l'eau bouillante sur le produit dont on veut extraire les principes solubles.

Exemple : *Tisane de feuilles d'oranger.*

On prend cinq grammes de feuilles d'oranger pour

1. De nos jours on prend moins de tisanes qu'autrefois. En y réfléchissant bien on s'aperçoit que les tisanes ne sont en résumé que de *l'eau bouillie* et parfumée; elles valent surtout parce qu'elles sont bouillies et c'est pourquoi elles peuvent rendre des services.

un litre d'eau, on met les feuilles dans un pot quelconque, pourvu qu'il soit très propre, et on verse l'eau bouillante par-dessus.

Autre exemple : la tisane de *tilleul*.

Il faut prendre 4 gr. de tilleul pour un litre d'eau. En général on a toujours des tendances à exagérer les quantités et l'on a tort, car une tisane anodine peut parfois se transformer ainsi en un véritable poison.

3° Enfin, on procède par *décoction* pour le lichen, le chiendent, etc. On jette ces matières dans l'eau et on les laisse bouillir durant une demi-heure ou davantage.

Exemple : Préparation de la *tisane de lichen d'Islande*. Pour 10 gr. de lichen on prend un litre d'eau, puis on porte à ébullition, dès que l'ébullition commence on jette la première eau et on remet le lichen sur le feu avec un litre d'eau fraîche.

Remarque. — Pour préparer toutes les tisanes servez-vous toujours non seulement de récipients absolument propres mais encore de récipients inattaquables; c'est-à-dire de casseroles qui ne soient ni en étain, ni en cuivre, ni en fer, mais de casseroles émaillées ou en poterie.

Les cataplasmes. *Fabrication d'un cataplasme.* Comment faut-il s'y prendre pour faire un bon cataplasme ?

Les cataplasmes les plus usités sont ceux de farine de graine de lin, de fécule de pommes de terre, de riz, etc.

Pour faire un *cataplasme de farine de graine de lin* on délaie cette farine dans de l'eau froide de manière à en faire une bouillie très claire, puis on fait chauffer en remuant continuellement jusqu'à ce qu'on ait obtenu une masse d'une consistance suffisante.

Pour faire un cataplasme de *fécule de pommes de terre* ou *crème de riz* on s'y prend un peu différemment. Pour 100 grammes d'eau on prend environ 10 grammes de fécule, on délaie cette fécule avec une partie de l'eau froide, on fait bouillir le reste de l'eau et lorsque l'ébullition est bien accentuée, on y verse la farine délayée et on laisse bouillir quelques minutes toujours en remuant.

En général on applique toujours les cataplasmes chauds et on les enlève lorsqu'ils se sont suffisamment refroidis; c'est à ce moment-là qu'il s'agit surtout de bien faire attention à ne pas refroidir le malade. Il faut bien essuyer la peau avec un linge très sec pour la recouvrir d'une flanelle chauffée afin d'éviter au malade une sensation de froid qui pourrait lui être préjudiciable.

Compresses chaudes. Bien des médecins préfèrent de nos jours une compresse chaude à un cataplasme.

Pour faire une semblable compresse, il faut :

1° Un double carré de toile;

2° Un carré de gutta-percha plus grand que le premier;

3° Un carré de flanelle plus grand que les deux autres ou, dans la plupart des cas, une bande de flanelle capable de couvrir largement les deux carrés de toile et de gutta-percha et de les fixer au corps.

On commence par plonger le carré de toile dans l'eau très chaude, on en exprime par torsion toute l'eau qu'il est possible d'en exprimer, puis on l'applique sur la partie malade, le ventre par exemple. On recouvre immédiatement cette toile de la gutta-percha, puis on applique sur le tout une bande de flanelle que l'on enroule autour du corps et que l'on fixe au moyen de deux épingles doubles.

La plus simple de toutes les compresses c'est celle qui se compose d'un carré de coton hydrophile, recouvert d'une feuille de gutta-percha et fixé au corps par une large bande de flanelle.

Fabrication d'un sinapisme. Sur un petit linge bien propre on étend une couche de moutarde que l'on a au préalable délayée avec un peu d'eau tiède.

De nos jours on emploie presque toujours du papier Rigolot qui est tout préparé, seulement remarquez bien combien de temps le médecin vous dira de les laisser sur la peau (en général 10 à 15 minutes) et ne les trempez ni dans le vinaigre, ni dans l'eau chaude, mais dans de l'eau à peine tiède ou froide. En laissant trop longtemps les sinapismes, on peu provoquer des phlyctènes (ampoules pleines d'eau), et faire beaucoup souffrir le malade.

Le vésicatoire. C'est enfin la mère de famille qui doit appliquer les vésicatoires lorsque le médecin en ordonne[1]. Combien d'entre elles qui sont bien malheureuses à ce moment-là : elles n'osent pas demander au médecin des explications suffisantes et cependant, n'ayant jamais eu de malade, elles ne savent comment s'y prendre. Alors elles vont consulter quelque vieille voisine, parfois encore plus ignorante qu'elles, en tous cas bien souvent imbue

1. De jour en jour les médecins ordonnent moins de vésicatoires; cependant, comme leur usage n'est pas encore complètement aboli, je crois sage de donner ces indications.

de préjugés et de croyances erronées : il vaut mieux savoir soi-même à quoi s'en tenir. Lorsque vous devez poser un vésicatoire, lavez d'abord bien soigneusement à l'eau chaude et au savon l'endroit sur lequel vous devez l'appliquer; puis, après avoir fixé le vésicatoire au moyen de sparadrap et d'un tampon de coton hydrophile, consolidez-le avec une bande de toile afin qu'il ne puisse glisser et aller où il n'a que faire. Si le malade est un enfant, veillez à ce qu'il ne se frotte pas et à ce qu'il n'arrache pas le vésicatoire. En général, pour les enfants, on laisse le vésicatoire de 3 à 4 heures; pour les adultes, de 5 à 10 heures. Pour éviter aux malades des complications du côté de la vessie, il est bon durant les premières heures de leur donner à boire un peu de lait sucré auquel on ajoute 2 à 4 grammes de bicarbonate de soude, à moins d'ordres contraires du médecin.

Pour enlever le vésicatoire, on enlève avec précaution le coton hydrophile, le sparadrap, en prenant bien garde de ne pas déchirer l'épiderme soulevé, en enlevant aussi bien soigneusement avec un linge imbibé d'huile chaude les parcelles de pâte vésicante qui adhèrent à la surface de la peau. Puis, pour faire écouler l'eau que renferme la cloche, on la perce avec une aiguille *flambée*[1], on recouvre la plaie d'une compresse de vaseline boriquée, on met par-dessus un gros tampon de coton hydrophile, et enfin un bandage bien fait qui retient le tout. Ce pansement doit se renouveler deux ou trois fois par jour.

La bourse de glace. En cas de péritonite, de méningite, etc., on applique souvent une bourse de glace; il s'agit avant tout de savoir la préparer : après avoir cassé la glace en menus fragments au moyen d'une épingle, on en remplit à moitié la bourse

1. On flambe une aiguille en la passant durant quelques seconde dans la flamme, de préférence la flamme d'une lampe à alcool.

de caoutchouc; puis, avant de la visser, on expulse le plus possible l'air qu'elle renferme. On visse le couvercle, on remonte sur les bords le repli de caoutchouc destiné à le clore hermétiquement, puis on l'aplatit et on la pose sur le corps du malade, en ayant soin d'interposer une flanelle entre la peau et la bourse qui renferme la glace. En cas de besoin, on peut employer pour cet usage une vessie de porc, un vieux bonnet de bain, etc.

La température. Il faut aussi s'exercer à prendre la température des malades. Après avoir fait descendre la colonne de mercure du thermomètre à maxima jusqu'à 34 degrés (ce qui se fait en secouant vivement le thermomètre et cela à différentes reprises), on le place sous le bras du malade, en contact direct avec la peau, et on l'y laisse au moins durant dix minutes. La température des malades se prend en général le soir et le matin.

Résumé.

Pour bien soigner les malades, la première condition c'est de les placer dans un milieu propre, clair et *calme*.

Il faut les tenir proprement; écouter attentivement les ordres du médecin et en tenir compte; ne jamais laisser traîner aucun médicament et mettre à part ceux qui sont destinés à l'usage externe.

Une bonne ménagère doit savoir comment on prépare les tisanes, les cataplasmes, les compresses chaudes ou froides, les sinapismes; comment on pose un vésicatoire et comment on installe une bourse de glace.

Elle doit prendre matin et soir la température du malade et la noter exactement.

SEIZIÈME LEÇON PRATIQUE.

Cataplasmes et tisanes.

DIX-SEPTIÈME LEÇON

COMMENT NOUS DEVONS SOIGNER NOS MALADES (Suite)
EN ATTENDANT LE MÉDECIN

SOMMAIRE. — Les brûlures. — La syncope. — La congestion. — Hémorragies. — Asphyxie. — De la respiration artificielle. — Ce qu'on entend par *mains propres.*

Les brûlures.   Ce n'est pas seulement lorsqu'une personne de la famille est alitée que la ménagère doit prouver son savoir-faire, c'est aussi lorsque surviennent de petits accidents, en attendant l'arrivée du médecin.

En voici un exemple. Il y a trois mois environ, je sortais de ma maison lorsque je vis venir vers moi une femme à cheveux gris ébouriffés, l'air affolé, qui criait à une voisine : « Venez, ma petite-fille vient de tomber sur la cloche à repasser, elle s'est brûlé tout le bras ; ma fille en voyant cela s'est évanouie, je ne sais que faire. » La brave femme à laquelle elle s'adressait semblait aussi embarrassée qu'elle. Quoique ne la connaissant pas, je lui dis que j'allais rapidement prendre chez moi le nécessaire et l'accompagner chez elle. Je courus à la petite armoire qui me sert de pharmacie et voulus y prendre du liniment oléo-calcaire si excellent pour les brûlures[1]. Hélas ! le flacon

---

1. Le liniment oléo-calcaire se compose d'huile battue avec de la chaux.

était vide ; j'avisai alors un pot de vaseline boriquée, je l'emportai ainsi qu'une bande de coton hydrophile. Je descendis avec la pauvre grand'mère dans la cave qu'elle habite et où le spectacle le plus lamentable nous attendait : la mère gisait évanouie sur une chaise ; l'enfant, la main et le bras brûlés, criait à fendre l'âme. Je fis coucher la mère sur le sol, seul procédé efficace pour faire revenir à elles les personnes qui ont

JEUNE FEMME ÉVANOUIE

une syncope. Avec des ciseaux je coupai la robe de l'enfant, en ayant soin de ne pas arracher la peau ; puis j'enduisis toutes les parties brûlées d'une couche de vaseline et je recouvris le tout de ma bande de coton, prenant bien garde d'écarter les doigts brûlés les uns des autres par des tampons de coton ; car vous saurez qu'en procédant autrement ils se souderaient les uns aux autres. Sur ces entrefaites la pauvre femme était revenue à elle ; je la tranquillisai en lui recommandant de faire venir le médecin. Le lendemain, lorsque je passai devant leur demeure, je m'informai de la petite fille ; la grand'mère m'apprit qu'elle allait mieux et elle ajouta : « Le docteur est venu et il a dit que tout ce que Madame avait fait était très bien. » Et elle paraissait aussi fière de cette constatation que j'aurais pu l'être moi-même. Je me suis ainsi fait à bon compte de véritables amis.

La syncope et la congestion. Quelqu'un se trouve-t-il mal, a-t-il une *syncope*, ce qui se voit facilement à son teint pâle, à la sueur qui perle sur son front, on l'étendra simplement de tout son long sur le sol afin que le sang revienne au cerveau. Au

HOMME CONGESTIONNÉ

contraire, s'agit-il d'une *congestion* et on la reconnaît facilement au teint rouge, parfois presque bleu de la personne, on l'étaiera de nombreux oreillers afin d'éloigner le trop grand afflux de sang au cerveau. Dans les deux cas il faut défaire les vêtements du malade.

Ce sont là des choses que tout le monde devrait savoir, qu'il faut dire et répéter autour de vous, car il ne suffit pas que quelques-uns les sachent. Il y a quelque temps je passais au marché, lorsque je vis une marchande de fruits qui me sert habituellement s'affaisser, pâle comme une morte ; malade depuis quelques jours, elle s'évanouissait. Émue, car j'éprouve pour elle une véritable sympathie, je voulus l'étendre sur l'un des bancs qui avoisinent son étalage. Croyez-vous qu'on m'ait laissé faire ? Toutes les commères se mirent à jeter de hauts cris et sans rien vouloir entendre la firent emporter au poste voisin ; quelques instants après je l'y suivis. Il régnait là une odeur de tabac, de charbon et de renfermé tellement écœurante que je manquais moi-même m'y trouver mal. Il est certain qu'au grand air et bien allongée la malade aurait repris ses sens beaucoup plus facilement, mais... j'avais été moins forte que l'ignorance de toute une foule !

L'hémorrhagie. En cas d'*hémorragie nasale* ou de coupure il ne faut *jamais* faire de pansement au perchlorure de fer, il brûle les tissus. Si l'hémorragie vient d'une coupure d'artère il faut établir une pression sur un point plus rapproché du cœur. Par exemple si vous vous êtes coupé une artère du poignet, exercez la pression au-dessus c'est-à-dire sur l'avant-bras. S'il s'agit d'un saignement de nez recommandez l'immobilité et si le sang continuait à jaillir, recourez au médecin.

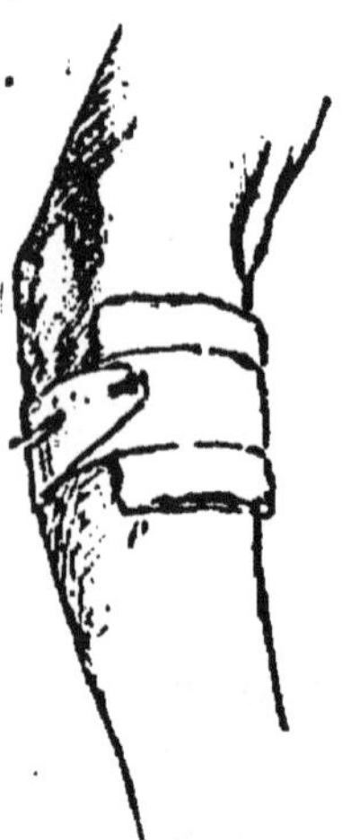

UNE LIGATURE
DU BRAS

L'asphyxie. S'il s'agit d'un *noyé*, d'un *pendu*, en un mot d'un asphyxié quelconque, ce qu'il faut avant tout, c'est tâcher de rétablir la respiration. On le débarrasse de ses vêtements[1] et on frictionne avec énergie le thorax et le dos, on

1. Bien entendu que lorsqu'il s'agit d'un pendu on coupe d'abord la corde.

peut même en cas de besoin opérer des tractions sur

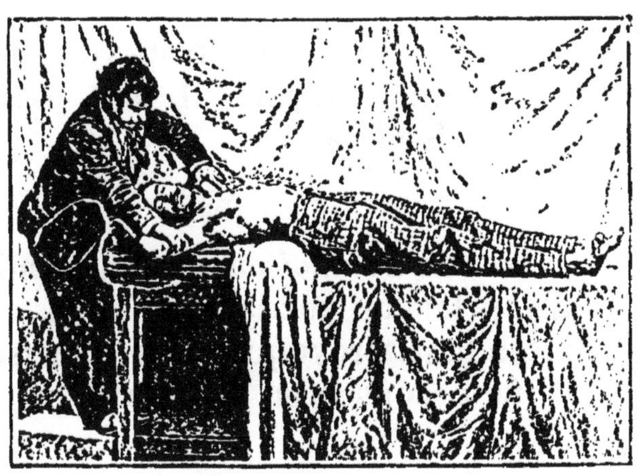

RESPIRATION ARTIFICIELLE (1ᵉʳ TEMPS)

la langue d'une façon rythmée pour rétablir la respiration, ou encore essayer de la respiration artificielle.

Respiration artificielle. On couche le malade sur le dos de façon à élever un peu sa poitrine, puis l'opérateur se place à la tête du noyé et saisissant ses avant-bras les tire à lui: il les repousse

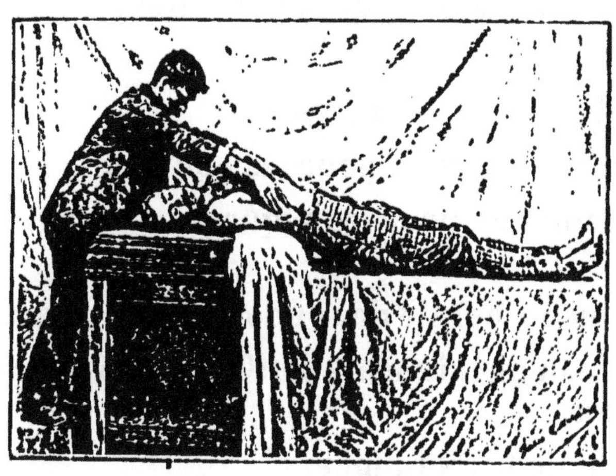

RESPIRATION ARTIFICIELLE (2ᵉ TEMPS)

ensuite en les appliquant contre le corps du patient

(fig. 2). Il renouvelle ce double mouvement destiné à provoquer l'inspiration et l'expiration de l'air aussi long-temps qu'il est nécessaire.

Surtout ne perdez pas courage trop vite, lorsqu'on donne des soins à un asphyxié, il faut parfois des heures pour le rappeler à la vie.

En cas d'empoison-nement. En cas d'*empoisonnement*, le mieux est d'appeler un médecin; si l'on peut, en attendant, provoquer des vomissements, il faut conserver les matières rejetées par le malade.

En cas de morsure de vipère faites saigner la plaie, liez fortement le membre au-dessus de la morsure et cautérisez celle-ci soit avec de l'ammoniaque, soit au fer rouge.

La pharmacie. Dans toute maison, même dans la plus pauvre, un rayon d'armoire doit être con-sacré à la pharmacie; on y trouvera du linément oléo-calcaire pour les brûlures;

de la vaseline;

du sparadrap pour les coupures;

de la teinture d'arnica pour les contusions;

de l'ammoniaque pour les piqûres de moustiques ou de guêpes;

de l'alun ou du borate de soude pour les gargarismes;

un litre d'eau phéniquée à 25/1000 ou de la liqueur de Van Swieten;

de l'eau de fleur d'oranger;

de l'émétique en cachets de 5 centigrammes pour provoquer les vomissements. (On l'administre dans un demi-verre d'eau, s'il n'a pas agi au bout de 4 ou 5 minutes on redonne la même dose);

des sinapismes Rigollot,

de la farine de graine de lin pour les cataplasmes,

enfin des bandes de toile,

des compresses,

de la toile gommée ou de la gutta-percha,

de la vieille toile,

un compte-gouttes, des pinceaux, un thermomètre à maxima, etc.

Rappelez-vous bien qu'il ne faut *jamais* employer d'acide phénique ou d'arnica *pur*.

L'ordre le plus rigoureux doit régner dans la pharmacie de ménage qui doit être absolument à l'abri des petites mains d'enfant.

Mains propres. Enfin je terminerai en vous apprenant ce que les médecins entendent dire lorsqu'ils demandent des mains propres. Si le malheur veut qu'on soit dans l'obligation de faire une opération à l'un des vôtres, même une opération très simple, il se peut que le médecin vous dise : « Ne touchez pas tel ou tel objet, vous *n'avez pas les mains propres*; ne vous fâchez pas de cette observation, même si vous veniez seulement de les laver, le médecin a raison; pour lui les mains ne sont propres qu'après une suite d'opérations que je veux vous décrire afin que, si l'on avait besoin de votre aide, sachant vous laver les mains, vous puissiez servir à quelque chose. Oui, vraiment *il faut apprendre à se laver les mains* lorsqu'on veut servir d'aide, d'aide même très modeste au chirurgien. D'abord il faut les savonner avec de l'eau chaude, du savon et une petite brosse en chiendent; il faut brosser partout, les ongles (qui doivent être courts), les articulations, les plis si nombreux de la main et cette opération doit se prolonger durant 4 à 5 minutes. Il faut alors rincer ses mains dans l'alcool; puis les passer dans une solution que le médecin vous indiquera, ce qu'on appelle une solution antiseptique[1]; enfin une fois tout ceci fait, ne pas essuyer les mains et ne rien toucher avec. Vous savez bien que d'habitude vous ne vous donnez pas autant de peine que cela pour laver les mains et, par conséquent, vous comprenez dans une certaine mesure que le docteur ait raison de vous dire que vos mains ne sont pas propres; vous le comprendriez mieux encore si vous pouviez vous rendre un compte exact de toutes les raisons qui dictent ses paroles.

Résumé.

Il faut savoir donner quelques soins aux malades en attendant le médecin :

En cas *de brûlure*, respecter la peau, couvrir les parties brûlées de liniment oléo-calcaire ou de vaseline et de coton hydrophile.

En cas *de syncope*, étendre le malade sur le sol.

En cas *de congestion*, défaire tous les liens qui peuvent gêner sa circulation et étayer sa tête de nombreux oreillers ;

En cas *d'hémorragie*, ne pas se servir de perchlorure de fer, qui brûle les tissus, mais agir plutôt par compression.

En cas *d'asphyxie*, tractions rythmées de la langue, respiration artificielle.

En cas *de piqûres* venimeuses, faire saigner la piqûre, la laver avec un antiseptique, la cautériser soit avec de l'ammoniaque, soit avec un fer rouge.

Dans tous les ménages, même les plus modestes, une étagère de l'armoire est consacrée à la pharmacie de famille.

DIX-SEPTIÈME LEÇON PRATIQUE

Quelques pansements très simples.

1. Par exemple de l'eau phéniquée ou de l'eau au sublimé.

SIXIÈME PARTIE

SOINS AUX TOUT PETITS

—

DIX-HUITIÈME LEÇON

LA COUCHETTE ET LA LAYETTE

SOMMAIRE. — LE BÉBÉ. — LE MILIEU : de l'air et de la lumière. — LA COUCHETTE : Lit ou bercelonnette? — Les paillasses. — Les couvertures. — LA LAYETTE : Conditions essentielles que doivent remplir les vêtements de l'enfant. — Description des différentes parties de la layette. — Tableau des objets nécessaires pour la couchette et pour la layette. — Comment on habille un bébé.

Le bébé. Lorsqu'on annonce dans une famille l'arrivée d'un petit enfant, les parents se préoccupent de tout préparer pour recevoir le mieux possible ce jeune personnage. Il est si frêle et si délicat, le cher petit, qu'un oubli, une négligence peuvent avoir pour lui les conséquences les plus fâcheuses, quelquefois les plus fatales.

Le milieu. Tout d'abord il faut voir si la chambre des parents sera assez grande pour qu'on puisse encore y loger un berceau; et par *assez grande* je ne veux pas dire simplement assez étendue, mais contenant un volume d'air suffisant. Car pour ses jeunes poumons, plus encore que pour ceux des adultes, il faut de l'air, de l'air pur et vivifiant, et la lumière directe du soleil. Par conséquent si les parents dorment dans une alcôve il est impossible d'y loger aussi le bébé, ce serait le mettre de suite dans des conditions certaines d'infériorité. N'allez pas dire que je demande pour les enfants un luxe que peu de parents sont capables de leur donner; non certes, tout ce que je veux pour le cher nouveau-né, c'est de *l'air et de la lumière*, biens qui appartiennent à tous, et sans lesquels, on ne saurait trop le répéter, il ne peut que végéter.

Donc, une vaste chambre pour les parents et l'enfant, qu'elle cube au moins 60 mètres cubes; pas d'encombrement de meubles rembourrés ou de tentures, pas de tapis, et autant que possible la facilité d'aérer complètement l'appartement au moyen d'ouvertures opposées pouvant déterminer un courant d'air.

L'enfant couchera-t-il dans le lit de la mère? Certainement non, et cela non seulement parce qu'il courrait le risque d'être étouffé, — ce malheur est arrivé quelquefois, — mais encore parce que rien n'est malsain pour le petit être comme la cohabitation du lit maternel. Tous les jours les médecins et les hygiénistes nous indiquent de nouveaux inconvénients à ajouter à ceux que nous connaissons. Au moyen âge, cette question préoccupait déjà si vivement les hommes sérieux, que nous voyons dans plusieurs mandements les évêques défendre aux fidèles de coucher l'enfant dans le lit maternel et cela sous les peines les plus sévères. Il faut que l'enfant ait une couchette personnelle : voyons comment elle doit être comprise.

La couchette. En général on prépare une bercelonnette pour le nouveau-né, cependant en réfléchissant à ce que l'enfant ne pourra guère l'habiter que durant dix-huit mois environ, on se demande s'il ne serait pas plus pratique de lui acheter tout de suite un petit lit de fer pouvant aller au moins jusqu'à l'âge de cinq ou six ans. Or, ceci dépend un peu des conditions matérielles dans lesquelles on se trouve : il est certain que la bercelonnette a pour elle un avantage sérieux, c'est d'être petite et par conséquent de se réchauffer rapidement, mais il est certain aussi qu'il est peu pratique de mettre l'enfant de 18 mois dans un lit assez grand pour qu'il puisse lui servir durant toute sa vie; on est donc entraîné en achetant une bercelonnette à se procurer trois couchettes successives, ce qui est beaucoup. Quoi qu'il en soit, voici comment il faut garnir la bercelonnette ou le petit lit. Tout d'abord, si vous achetez une bercelonnette, demandez au marchand de river le clou qui permet de la faire osciller, rien n'est mauvais

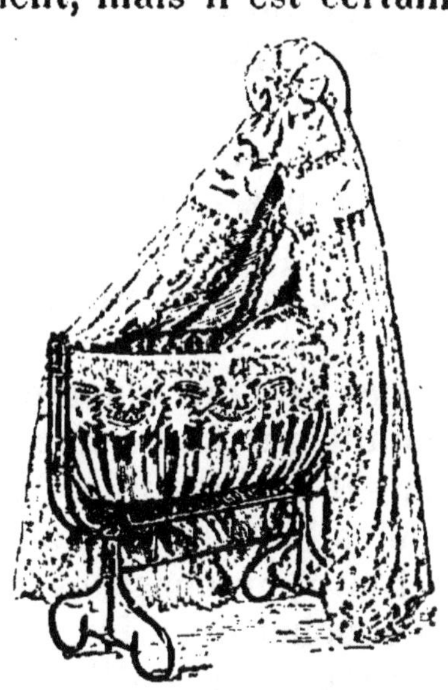

UNE BERCELONNETTE

comme de bercer les enfants; pour nous enlever cette envie, à nous et aux autres, rendons la chose impossible; ensuite vous entourerez le bord supérieur du berceau d'un épais bourrelet de molleton; enfin vous prendrez les dimensions moyennes de la nacelle formée par le filet et vous taillerez dans de la toile deux ovales ayant ces dimensions, en les cousant l'un contre l'autre la paillasse est faite, il ne reste plus qu'à la remplir de bonne paille d'avoine. Trois paillasses sont nécessaires : une paillasse très épaisse destinée à occuper le fond de la bercelonnette, deux paillasses volantes (si je puis m'exprimer ainsi) destinées à être changées plusieurs fois dans la journée et qui sont plus légères.

Autour du berceau on drape des rideaux de mousseline ou de percale blanche; ils sont utiles pour régler la lumière, pour éviter que dans les premiers jours l'air arrive directement sur l'enfant. Enfin il faut une couverture de flanelle et un petit édredon. Je ne demande pas de draps surtout pour la bercelonnette, les langes peuvent en tenir lieu, ni d'oreiller, vous verrez pourquoi dans la suite.

Pour faire le lit du bébé, on pose dans le fond la grosse paillasse, par-dessus une paillasse plus mince, enfin un grand feutre destiné à isoler la literie des accidents qui peuvent se produire (surtout ne le remplacez pas par une toile cirée), enfin un lange, puis bébé et pour le recouvrir encore un lange, une couverture de laine et un léger édredon de duvet.

Dès qu'on s'aperçoit qu'une des paillasses est mouillée il faut l'enlever, la mettre à sécher en plein air s'il est possible. Aérez la couchette complètement toutes les fois que l'enfant est à la promenade ou qu'il est levé; en chassant les miasmes qui se trouvent dans la couchette, en imprégnant les paillasses d'air pur, on fait œuvre très utile puisqu'on purifie l'atmosphère qui entourera l'enfant. — Dans tous les cas, sacrifiez le luxe à la propreté : par exemple, au lieu de quelques petits draps élégants que vous ne pourriez changer plusieurs fois par jour, prenez des langes bien simples que vous remplacerez chaque fois que le besoin s'en fera sentir. *De la propreté, de la propreté à outrance,* voilà ce qu'il faut pour que nos petits prospèrent et se transforment en des êtres robustes.

La layette. Une fois la couchette bien installée, il faut aussi songer aux vêtements de l'enfant, à la *layette*. Là encore je ne saurais trop vous recommander de sacrifier la beauté des objets d'habillement à leur quantité; car il faut pouvoir changer souvent l'enfant. Cependant choisissez de bons tissus afin qu'ils supportent les nombreux blanchissages auxquels ils seront soumis.

Toute mère vraiment digne de ce nom doit savoir elle-même confectionner les vêtements de son enfant; les petites filles doivent déjà s'exercer à tailler et à coudre petites brassières et petites chemises. Ne perdez

UNE CHEMISE DE BÉBÉ

jamais de vue les quatre principes fondamentaux qui président à la confection des vêtements de l'enfant :

1° Il ne faut en rien gêner la circulation du sang;

2° Il faut soutenir le corps trop mou pour se soutenir lui-même;

3° Il faut couvrir suffisamment l'enfant car il se refroidit rapidement à cause de son petit volume;

4° Le vêtement doit servir à diminuer les chances d'accident, je vous expliquerai comment lorsque je vous parlerai du porte-bébé.

Pour couvrir ce corps si frêle, il faut des tissus mous et fins; la toile ayant déjà servi est surtout recommandable; il faut même mettre les *chemises* du premier âge à l'envers afin que les coutures ne blessent pas la fine peau du nouveau-né.

Puis vient la *brassière de flanelle* : il faut rabattre toutes les coutures au point croisé afin qu'elles ne fassent pas épaisseur, la *brassière de piqué* qu'on passe par-dessus les autres. Chemises et brassières du premier et du deuxième âge doivent être préparées d'avance, il ne faut pas confectionner trop de vêtements

UNE BRASSIÈRE DE BÉBÉ

du premier âge, ils deviennent rapidement trop petits : on les remplace alors par des vêtements plus grands et en nombre plus considérable.

Les petits pieds sont protégés par des *chaussons* de laine, quant aux langes ce sont des carrés de 0 m. 80 de large sur 0 m. 80 de long, les premiers devraient toujours être préparés avec de la vieille toile bien molle, il en faut bien trois douzaines.

Pour économiser les langes, il existe un excellent moyen ; il consiste à tailler dans de la vieille toile fine deux douzaines de carrés à peu près de la grandeur d'un mouchoir de toile ; on les ourle au moyen d'un point de boutonnière très espacé. Ce *petit lange* est placé immédiatement et en pointe sous l'enfant, il reçoit les excréments et il évite que le grand lange et que l'enfant ne se salissent.

Les *langes de laine* ont à peu près les mêmes dimensions que les langes ordinaires : 0 m. 80 sur 1 mètre, ils sont en grosse flanelle, il en faut 3 ou 4 au moins. Entre le lange de fil et le lange de laine on place un carré de feutre de 0 m. 47 sur 0 m. 19; il est destiné à absorber l'urine, il en faut six.

Pour éviter l'emploi si dangereux des épingles, on peut employer ce que j'ai appelé la *ceinture-corselet*. C'est un rectangle de piqué de 0 m. 47 de long sur 0 m. 17

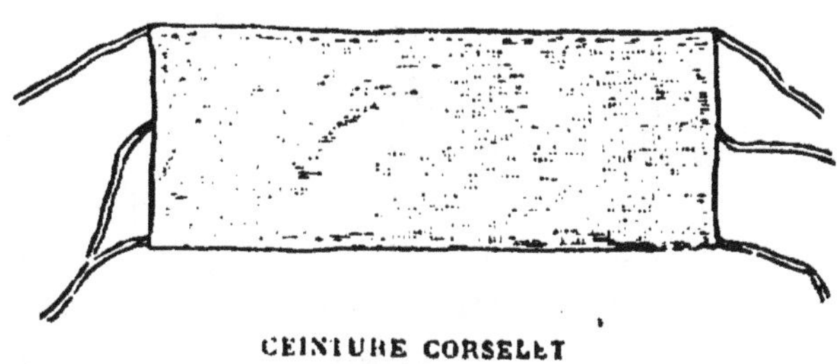

CEINTURE CORSELET

de large; il est muni de six liens de rubans qui permettent de l'attacher autour du corps du bébé, il sert à consolider le maillot durant les premières semaines et cela sans qu'on emploie une seule épingle.

Par-dessus les brassières on met à l'enfant un *petit fichu* en batiste ou en un autre tissu léger. Ce fichu sert à soutenir la tête en même temps qu'il empêche le lait de couler entre la peau et la chemise lorsque l'enfant a des régurgitations; dans ce cas il suffit de remplacer le fichu; on n'est pas obligé de déshabiller l'enfant en entier. Enfin vient l'utile *bavette* à changer bien souvent dans la même journée.

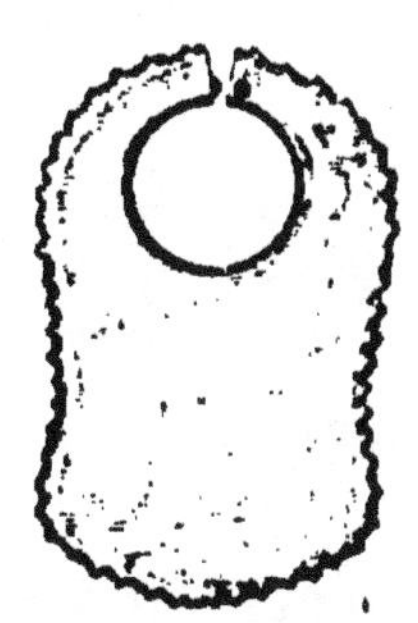

UNE BAVETTE

Vous me demandez, mes enfants, quelle coiffure nous mettrons à notre poupon; le plus simple c'est de ne pas lui en mettre du tout. Cependant si les nuits sont fraîches et si l'enfant a peu de cheveux on peut lui mettre un léger bonnet de mousseline durant la nuit.

Lorsque l'enfant est bien habillé nous l'introduisons dans le *porte-bébé*. Quelques-unes d'entre nous en ont déjà vu sans doute : c'est un long rectangle de 1 m. 26 sur 0 m. 37. Une de ses extrémités est arrondie et la partie arrondie est doublée sur une longueur de 0 m. 34. C'est dans cette doublure qu'on introduit un petit coussin de crin blanc également arrondi sur lequel reposera la tête de l'enfant, sur la première moitié du rectangle qui reste sont distribués quatre rubans en face les uns des autres deux a deux.

PORTE-BÉBÉ.

L'enfant bien emmailloté, on le pose sur le porte-bébé la tête appuyée sur le coussin, on rabat la longueur de piqué qui dépasse sur ses petites jambes et on attache les liens qui peuvent être en fil, en coton, en soie, peu importe. Ce qui importe, c'est de se rendre bien compte des services que peut rendre le porte-bébé; dans l'est de la France et même à Paris on l'emploie beaucoup; le jour il est souvent garni d'élégantes broderies, la nuit il est très simple, mais l'enfant n'est placé dans son

berceau qu'après avoir été posé dans son porte-
bébé.

Lorsque l'enfant naît, tous ses os sont très mous, très
cartilagineux, il peut à peine soulever sa petite tête;
l'obliger à ce moment-là à se tenir droit sur le bras
qui le porte c'est lui demander un effort exagéré, nous
avons vu et nous verrons souvent encore que la nature
ne procède jamais par bonds, elle va doucement; notre
habileté et notre devoir consistent à l'imiter. Plaçons

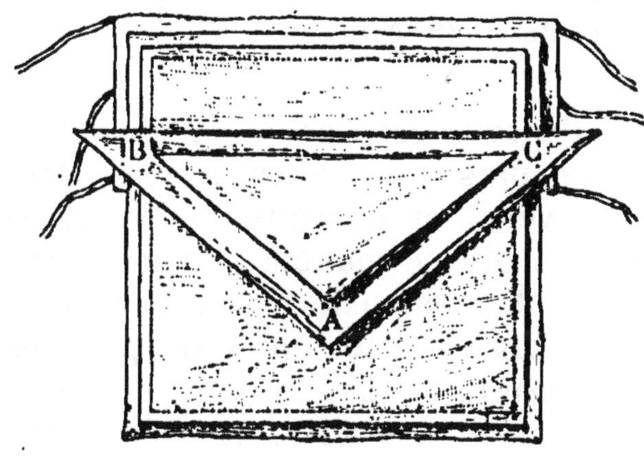

EMMAILLOTEMENT

donc dans les premiers jours l'enfant dans des conditions de vie facile qui nécessitent de sa part le moins
d'efforts possible. Et ce n'est pas tout : bien souvent
le petit bébé est confié à des mains peu expertes, aux
vôtres par exemple; y a-t-il quelque chose de plus lourd,
de plus malaisé à soutenir qu'un nouveau-né? Il se
laisse aller dans tous les sens et vous toutes qui en
avez porté savez combien vous étiez embarrassées
durant les premiers temps et cela au grand préjudice
du bien-être de l'enfant. Lorsqu'il est placé sur le porte-
bébé la difficulté n'existe plus; il est heureux; sa colonne
vertébrale si flexible encore est soutenue; il risque
moins de toutes les manières. Or il est facile de confectionner le portefeuille que je vous ai indiqué; il

remplace avantageusement ce que vous appelez les cache-maillots de piqué et il ne revient pas cher.

Au bout de trois semaines environ on mettra au bébé culottes et robes le jour; mais la nuit tant que vous l'emmaillotcrez (jusque vers le sixième mois), on le placera dans son porte-bébé; car c'est surtout la nuit que celui-ci rend de grands services. Souvent la nourrice ne s'éveille qu'à moitié aux cris de l'enfant, elle le prend, le fait téter et au moment de le replacer dans la bercelonnette peut facilement heurter sa petite tête contre le bord du berceau, choc dangereux qui est atténué par le coussin de crin.

Le trousseau du tout petit est complet maintenant, il ne lui manque plus que des *mouchoirs*. Des mouchoirs, me direz-vous, et pourquoi faire? Avez-vous jamais vu un bébé qui se mouche? Évidemment non, mais je l'ai souvent vu moucher avec des mouchoirs plus ou moins sales appartenant à de grandes personnes, elles lui essuient la bouche, etc., et peuvent lui communiquer des maladies sérieuses. Bébé aura donc une demi-douzaine de mouchoirs, on les glissera dans son porte-bébé et l'on s'en servira, mais seulement pour lui, chaque fois que le besoin s'en fera sentir.

Par la suite, il est évident que notre trousseau deviendra insuffisant, il faudra lui adjoindre des culottes, de petites robes, des jupons, mais alors l'enfant sera plus grand et partout on peut se procurer des modèles d'après lesquels il est facile de compléter la première layette.

En résumé donc, voici les objets que l'on doit préparer lorsqu'un petit frère ou une petite sœur sont annoncés :

POUR LA COUCHETTE	POUR LA PREMIÈRE LAYETTE
1 bercelonnette ou 1 petit lit.	4 chemises du 1er âge.
1 grosse paillasse.	6 chemises du 2e —
2 petites paillasses.	3 brassières de flanelle (2e âge).
1 couverture de laine.	6 brassières de piqué (2e âge).
1 petit édredon.	6 paires de chaussons.
2 grands feutres.	2 douzaines petits langes.
Des rideaux.	3 douzaines langes.
	3 langes de laine.
	3 porte-bébé.
	3 petits bonnets de mousseline.
	12 bavettes.
	6 petits fichus.
	6 mouchoirs.

Pour habiller et emmailloter bébé. Nous avons maintenant tout ce qu'il nous faut pour faire la toilette d'un bébé; supposons qu'il soit bien lavé, bien saupoudré de talc ou de poudre d'amidon sous les bras, dans les plis du cou, dans les plis des aines, etc.... Comment nous y prendrons-nous pour l'habiller? D'abord tâchons d'aller le plus vite possible car le tout petit se refroidit rapidement et c'est avant de le déshabiller que nous avons tout bien disposé sur un oreiller :

D'abord la ceinture-corselet; sur cette ceinture effleurant presque son bord supérieur le lange de laine, sur ce lange et allant jusqu'au bord supérieur le feutre, le lange plié en pointe et le petit lange. Enfin sur le tout l'enfant qui a déjà sa chemise, sa brassière de laine, sa brassière de piqué et ses chaussons. Il est placé de manière que le bord supérieur de la ceinture-corselet et du lange de laine effleurent le dessous des aisselles.

On commence en passant la pointe A du petit lange entre les jambes de l'enfant et on replie ses deux autres pointes B et C vers les cuisses. Puis on procède de même manière avec le grand lange, on rabat ensuite l'un vers l'autre les bords du lange de flanelle et enfin on replie l'extrémité inférieure du maillot; on la ramène vers le haut, de façon à laisser au moins 10 cm. entre les pieds de l'enfant et son extrémité. Le lange de laine ainsi remonté est fixé au moyen des cordons de la ceinture-corselet. Alors on met à l'enfant le fichu, la bavette et on le pose sur le porte-bébé ou porte-feuille. On replie l'extrémité du rectangle vers le haut, on attache les rubans et la toilette de bébé est terminée. Toujours et toujours en faisant cette première toilette veillez à ne gêner en rien la circulation du sang, à éviter les faux-plis qui blessent et irritent l'épiderme sensible du jeune enfant et à le couvrir suffisamment pour qu'il ne se refroidisse pas.

Résumé.

Beaucoup d'air et de lumière sont indispensables au nouveau-né. — Il ne doit sous *aucun prétexte* coucher dans le lit de ses parents. — Sacrifiez le luxe à la propreté et au bien-être de l'enfant, aussi bien pour la layette que pour la couchette : il vaut mieux avoir des objets plus simples mais en avoir en plus grand nombre afin de pouvoir changer bébé fréquemment.

'Avant tout veillez à ne gêner en rien sa circulation; à soutenir son corps mou qui ne peut se soutenir lui-même et à le couvrir suffisamment pour éviter les refroidissements.

DIX-HUITIÈME LEÇON PRATIQUE

Emmaillotement de quelques grosses poupées. — Arrangement d'une bercelonnette.

DIX-NEUVIÈME LEÇON

SOINS PHYSIQUES — DE LA NUTRITION

SOMMAIRE. — **Soins physiques.** — DE LA NUTRITION. — Il ne faut que du lait, rien que du lait au nourrisson. — Le meilleur lait est le lait maternel. — Comment on stérilise le lait. — Des biberons : propreté absolue. — Régularité des tétées. — Importance des garde-robes de l'enfant. — De l'utilité de la BALANCE. — Les soupes.

Soins physiques. Lorsqu'on se trouve en présence d'un enfant nouvellement né, il ne faut pas s'imaginer avoir affaire à un être bien complet ; il est à peine une ébauche, c'est de nos soins que dépendra son complet développement et voilà pourquoi il faut que nous nous rendions bien compte de ce qui lui est nécessaire. Si je vous parle déjà, à vous qui êtes presque encore des enfants, de ce sujet si sérieux, c'est que bien souvent on vous confie vos petits frères, vos petites sœurs ; que plus tard vous aurez sans doute vous-mêmes des enfants et que vous seriez désolées, j'en suis certaine, de soigner mal les uns ou les autres. Et cela arrive même à de grandes personnes désireuses de bien faire, parce qu'elles ne savent pas ; lorsqu'un petit enfant arrive, toutes sont prêtes à le servir, à l'habiller, à le soigner, ce n'est pas la bonne volonté qui leur manque, mais cela ne suffit pas malheureusement. Ainsi toutes ces femmes si empressées que font-elles lorsque le nouveau-venu crie ou qu'il ouvre la bouche comme s'il cherchait quelque chose? Vite, vite elles lui font boire un peu d'eau sucrée parfumée d'eau de fleur d'oranger. Et savez-vous à quel beau résultat elles arrivent? elles donnent au bébé sa première indigestion!

De la nutrition. Ce qu'il faut au nouveau-né ce n'est ni de l'eau sucrée, ni du sirop de fleurs de pêcher, ni quelque drogue que ce soit, il lui faut le sein de sa mère. Par une coïncidence admirable, ce sein renferme précisément au moment de la naissance non pas du vrai lait, mais un liquide moins blanc et moins épais qui a des propriétés purgatives.

Ces propriétés agissent sur l'intestin de l'enfant, dont les premières selles sont loin d'avoir l'aspect jaune qu'elles auront plus tard : elles sont plutôt noirâtres. Ce qu'il faut donc au petit enfant, c'est le *lait de sa mère*; rien ne saurait le remplacer avantageusement.

Il ne faut que du lait, rien que du lait au nourrisson !

Cependant lorsque pour une raison quelconque la mère ne peut suffire à le nourrir, soit parce qu'elle n'a pas assez de lait, soit parce qu'elle ne peut rester auprès de lui toute la journée, alors elle doit remplacer le lait maternel par le liquide qui s'en rapproche le plus, par le lait d'un mammifère. Il est certain que nul animal ne sécrétera un lait absolument identique au sien, cependant tous s'en rapprocheront plus que les soupes et les panades que les bonnes femmes préconisent tant. Avant que l'enfant ait six mois ne lui donnez que du lait, *rien que du lait*[1].

---

[1] On a analysé les différents laits et l'on a reconnu que le lait d'ânesse est celui qui se rapproche le plus du lait de femme, tout en étant un peu moins nourrissant; malheureusement il est difficile de se le procurer. Le lait de vache que nous avons à notre disposition est plus difficile à digérer et il est moins sucré. Pour le corriger, on l'a pendant longtemps coupé d'eau bouillie à laquelle on ajoutait du sucre : de 1 jour à 6 semaines on ajoutait les 2/3 d'eau, de 6 semaines à 3 mois la moitié, de 3 mois à 6 mois le quart, aujourd'hui on donne le lait pur.

L'infériorité des laits étrangers ne vient pas seulement de leur composition mais surtout de ce qu'ils ne sont pas bus immédiatement au sortir du pis de l'animal. En effet le lait lorsqu'il reste à l'air libre, aigrit rapidement, il devient alors un véritable poison pour les jeunes enfants.

N'y a-t-il aucun moyen de modifier la composition du lait? aucun moyen d'éviter qu'il aigrisse?

On peut dire aujourd'hui qu'à moins de le *faire exprès*, on n'a plus de lait aigre. Tout d'abord on ne saurait trop répéter aux fermières d'agir avec la plus grande prudence : de ne traire la vache qu'avec des mains propres, après avoir lavé ses trayons, et de recevoir le lait dans des récipients qu'on aura au préalable rincés avec de l'eau renfermant des cristaux de carbonate de soude; ceci fait on *stérilise* le lait.

Pour stériliser le lait. Pour stériliser le lait destiné aux enfants on se sert d'appareils spéciaux de Gentil ou de Budin, qui n'ont qu'un inconvénient, c'est de coûter assez cher. Souvent les mères, parce qu'elles ne peuvent acheter un de ces appareils, se désolent et ne stérilisent pas le lait destiné à leurs enfants. Elles ont tort! L'ingéniosité des mères doit chercher à suppléer aux ustensiles qui leur manquent.

Voici un appareil de Gentil, en voici un autre de Budin, en quoi consistent-ils surtout? En une sorte de marmite dans laquelle se trouvent des flacons de verre recouverts légèrement d'une capsule ou d'un obturateur de caoutchouc; on met le lait dans les flacons à peu près jusqu'aux 2/3 de la hauteur, on les place dans la marmite qu'on remplit d'eau salée[1] et l'on fait bouillir durant trente à quarante minutes au bain-marie. Voyons s'il ne nous sera pas facile d'obtenir à peu de frais un résultat analogue.

Des marmites, nous en avons toutes ; des flacons de verre à peu près analogues à ceux de Budin et Gentil aussi : il suffit de prendre des flacons pour médicaments, ou même d'acheter des flacons de Budin et de Gentil qui coûtent 0 fr. 10 la pièce ; restent les obturateurs : ceux de Gentil sont mal commodes, ceux de Budin vous semblent trop chers ; couvrez donc durant l'ébullition vos flacons d'un flocon de coton hydrophile sur lequel vous poserez légèrement le bouchon destiné à fermer le flacon. Lorsque l'ébullition sera terminée, vous enfoncerez le bouchon tout en laissant la

APPAREIL COMPLET DE BUDIN

mince couche de coton qui débordera tout autour et empêchera l'intrusion de germes quelconques. Les flacons pourraient ainsi se conserver même plusieurs jours sans que le lait aigrisse, mais on doit, lorsqu'on les destine à un enfant, les préparer chaque matin. Quand on veut donner le biberon à l'enfant on fait chauffer un flacon au bain-marie. Un flacon ne pourra jamais servir que pour une seule tétée ; en effet, dès qu'il est débouché il aigrit rapidement. Préparez donc des flacons qui contiennent à peu près une ration ; le lait ainsi stérilisé est digestible même pour les enfants nouveau-nés sans qu'on l'ait additionné ni d'eau bouillie ni de sucre[2].

1. En salant l'eau de la marmite, on élève son point d'ébullition.
2. Ce lait est aussi excellent pour les malades, les convalescents.

La nourriture exclusive de l'enfant de un jour à six mois ce sera donc *du lait* : lait de la mère, lorsqu'elle en a suffisamment et peut s'occuper continuellement de son enfant ; lait de la mère et lait stérilisé lorsque la mère est trop faible ou qu'à certains moments elle se trouve dans l'obligation de laisser son poupon ; c'est ce qu'on appelle de *l'allaitement mixte*. Allaitement qui ne présentera aucun inconvénient si le lait donné est de bonne qualité, et si on le donne dans de bonnes conditions de stérilisation et de propreté.

Des biberons. Dès qu'un biberon est vidé, nettoyez-le et mettez-le à tremper dans de l'eau bien propre contenant quelques cristaux de carbonate de soude ; faites de même pour tous les ustensiles qui toucheront le lait et ne craignez jamais d'être trop méticuleuses. Si vous saviez quelles conséquences funestes peut entraîner un biberon préparé avec négligence ! Vous éviterez, en étant bien soigneuses, plus d'une maladie à vos petits frères, muguet, entérite, convulsions, etc., et de plus, vous en ferez de robustes gaillards pour l'avenir.

Il ne faut que du lait à l'enfant, voilà qui est bien entendu ; ce lait doit être très bien préparé ; voyons maintenant à quels moments nous devons le donner au jeune nourrisson.

Régularité des tétées. Bien des mères s'imaginent, dès qu'un bébé crie, qu'il faut lui donner le sein ; il y en a qui nuit et jour font téter leur enfant : c'est une grave erreur. Parfois l'enfant crie simplement pour développer ses poumons, mais en supposant même qu'il crie parce qu'il a mal à l'estomac, le faire téter à tort et à travers aggrave son mal, puisqu'il se double d'une indigestion. Souvent j'ai vu des enfants qui rejetaient le lait (ce qu'on appelle *régurgitation*) en criant; et les mères, devant cette marque infaillible d'un trop-plein véritable, donnant encore, donnant toujours le sein! Si une puce ou une épingle gêne l'enfant, à quoi peut cependant lui servir un repas supplémentaire?

L'estomac de l'enfant est comparable eu nôtre; il a besoin d'un intervalle, d'un repos entre deux repas consécutifs. Quelles sont les familles qui se portent le mieux? celles où l'on mange à des heures régulières et dans des proportions normales, ou celles qui dînent et qui déjeunent à des heures quelconques, mangeant beaucoup aujourd'hui et jeûnant demain? Vous me répondrez toutes : ce sont les familles bien disciplinées qui jouissent d'une santé meilleure. De même les jeunes enfants qui sont réglés par leur mère n'auront-ils ni les embarras gastriques, ni les malaises de toutes sortes qui caractérisent ceux élevés à la diable, d'après des inspirations peu rationnelles. Un nouveau-né doit en règle générale *téter toutes les deux heures*, cependant, lorsque l'on se trouve en présence d'enfants très chétifs, on peut rapprocher les tétées et leur donner le sein toutes les heures et demie.

Donc, *le jour*, de 1 mois à 3 mois une tétée toutes les deux heures;

de 3 mois à 6 mois, une tétée toutes les deux heures et demie;

de 6 mois à 1 an une tétée ou une soupe toutes les 3 heures.

La nuit : jusqu'à 3 mois, deux tétées;

de 3 mois à 6 mois, une tétée ;

après 6 mois le bébé sevré de nuit dormira et laissera dormir sa nourrice.

Vers l'âge de 6 mois les quatre incisives moyennes apparaissent, c'est à ce moment-là qu'on peut remplacer l'une des tétées par une petite soupe ; peu à peu en se rapprochant des douze mois, on ajoute une autre soupe ; puis une autre et on sèvre ainsi l'enfant sans qu'il s'en aperçoive.

D'ailleurs si à l'âge de douze mois l'enfant peut être sevré, cela ne veut pas dire qu'il ne doive plus boire de lait ; pendant longtemps encore le lait sera la base de son alimentation ; en effet *sevré* ne veut pas dire ne buvant plus de lait, mais seulement ne tétant plus sa mère. Il est évident qu'il faut agir avec prudence lorsqu'on commence à donner de petites soupes à l'enfant ; il faut à la moindre apparition de diarrhée supprimer les soupes et appuyer davantage sur les tétées et cela jusqu'au moment où tout est rentré dans l'ordre. De même aussi ne faut-il pas sevrer l'enfant immédiatement avant l'apparition d'un groupe dentaire.

L'indice le plus sûr pour la mère sérieuse ce sont les *garde-robes* de l'enfant. L'alimentation de l'enfant est-elle bien comprise, et l'appareil digestif fonctionne-t-il bien, ses selles sont jaunes, lisses, assez consistantes ; sont-elles au contraire grumeleuses, verdâtres, tirant de longs fils glaireux, c'est que l'intestin de l'enfant est malade et alors il faut remonter à la cause de la maladie et changer l'alimentation s'il y a lieu : l'enfant est-il exclusivement nourri au sein, le mettre à la diète en lui faisant seulement boire de l'eau bouillie ; est-il élevé par l'allaitement mixte, supprimer le biberon ; mange-t-il des soupes, les supprimer et les remplacer par du lait jusqu'à ce que tout soit de nouveau bien.

Utilité de la balance. Là loi qui préside à l'alimentation de l'enfant c'est la *régularité*, et l'ustensile le plus nécessaire pour constater son développement, c'est la *balance*.

Presque tous les pharmaciens ont maintenant des pèse-bébés ; il suffit de leur apporter l'enfant tous les huit jours pour se rendre compte des progrès réalisés, à condition bien entendu que la pesée soit bien faite. Pour cela on pèse d'abord l'enfant avec ses vêtements, puis on le change et on pèse tous les vêtements qui le recouvraient, la différence donne le poids net.

Le poids de l'enfant
— *le poids des vêtements*
= le poids réel de l'enfant.

Un enfant bien nourri doit augmenter de poids tous les jours.

Dans le 1er mois, de 35 à 45 gr. par jour = 235 à 315 gr. par semaine
— le 2e — de 30 à 40 gr. — = 210 à 235 gr. —
— le 3e — de 25 à 30 gr. — = 175 à 210 gr. —
— le 4e — de 25 gr. — = 210 gr. —

Les soupes. Nous avons vu que l'estomac de l'adulte réclame de la variété, le fait est exact aussi pour l'estomac des bébés. Les légers potages qu'ils peuvent prendre ne seront donc pas toujours composés de manière identique, on changera la farine qui entre dans leur composition. On peut, par exemple, leur donner des soupes au tapioca, ou à la phosphatine, ou simplement à la farine de froment[1] ; s'ils sont constipés, remplacer le tapioca et la phosphatine par de la farine d'avoine bien préparée ; au contraire, lorsqu'ils ont un peu de diarrhée, leur donner un potage à la crème de riz. Cette observation est surtout importante pour l'enfant sevré, car, je le répète, lorsque le tube digestif du tout petit est malade, on le soigne par la diète et l'eau bouillie : ce que les médecins appellent la diète hydrique.

[1] Bien des mères se désolent parce que les farines pour les enfants que vendent les pharmaciens coûtent très cher ; chacune d'elles peut préparer une excellente farine alimentaire, simplement en stérilisant, c'est-à-dire en faisant chauffer au four de la bonne farine de froment : tous les boulangers rendront avec plaisir ce léger service.

Pour préparer ces différentes soupes on prend une petite casserole en porcelaine à feu ou en nickel, on y verse le lait que l'on sucre et que l'on fait bouillir, pendant ce temps on délaie une cuillerée d'une de ces farines avec du lait froid, et lorsque le lait bout on y verse ce mélange en tournant rapidement pour éviter les grumeaux; laisser cuire doucement 15 à 20 minutes; car en général j'ai remarqué que les enfants préfèrent une soupe ayant bouilli long-temps et sous d'autres rapports cela vaut mieux aussi.

CASSEROLE EN PORCELAINE

Tout ce qui concerne l'alimentation de l'enfant a une importance extrême, non seulement pour le moment actuel, mais pour l'avenir; en lui faisant un bon estomac capable de bien remplir ses fonctions vous jetez les bases solides sur lesquelles s'élèvera un homme robuste. Même moralement un homme qui digère bien est supérieur à un individu qui digère mal!

Résumé.

Il ne faut *que du lait* au nourrisson : le meilleur lait est celui de sa mère. — On peut cependant au besoin y suppléer par des biberons de lait stérilisé. — Il n'est pas besoin d'appareils spéciaux pour les préparer : la condition principale de leur préparation, c'est une *propreté méticuleuse*. Il faut réglementer très exactement la nutrition de l'enfant et le sevrer doucement aux environs d'un an en substituant peu à peu les soupes aux tétées. — Ne pas négliger d'inspecter les selles de l'enfant et se rendre compte, en le pesant régulièrement tous les huit jours, s'il augmente d'une façon rationnelle.

DIX-NEUVIÈME LEÇON PRATIQUE
Stérilisation du lait. — Préparation des petites bouillies.

VINGTIEME LEÇON

PHYSIOLOGIE DE L'ENFANT
SOINS A DONNER AUX ORGANES DES SENS
L'ENFANT D'UN AN

SOMMAIRE. — PHYSIOLOGIE DE L'ENFANT. — Les poumons. — Les oreilles, les yeux, la peau. — Les bains. — La tête de l'enfant. — La promenade. — La voiture d'enfant. — La marche. — Le sommeil. — L'enfant d'un an. — Règles de vie. — Développement moral de l'enfant.

Physiologie de l'enfant. Je vous ai dit que le nouveau-né est à peine une ébauche, et combien cela est vrai! *Ses os* sont mous, *son crâne* n'est pas solidifié (vous savez toutes ce qu'on appelle les *fontanelles*), il *est sourd* et *aveugle*!

Les poumons qui ne sont pas encore habitués à fonctionner ont besoin de s'élargir, de se dilater complètement; de là ses cris qui ne sont pas toujours des cris de douleur mais ce qu'on pourrait appeler des cris de développement, des cris nécessaires; sa peau elle-même ne fonctionne pas comme elle fonctionnera plus tard et à cause de cela il est incapable de réagir rapidement contre les impressions de chaud et de froid. En voyant à quel être incomplet vous avez à faire vous vous rendez compte, n'est-il pas vrai? des précautions lentes et douces qui lui sont indispensables: il faut lui éviter toutes les transitions   ques, les chocs, les bruits stridents. Nous dison   est mauvai de le bercer, à plus forte raison es   vais de le secouer sous le prétexte de l'amuser o   calmer ses cris.

Dans les premiers jours qui suivent la naissance, ce qu'il lui faut avant tout c'est du calme ; qu'il tette, qu'on le soigne et qu'il dorme ; voici les trois occupations qui doivent remplir la vie du nouveau-né.

J'ai dit qu'il était aveugle et sourd, c'est là une exagération faite à dessein ; la vérité, c'est qu'il ne distingue rien encore, mais le fond de son œil est impressionné par la lumière ; il ne se rend pas compte des bruits qui l'environnent, mais le tapage, les portes frappées violemment ébranlent son cerveau. Agissons donc lentement, progressivement, avec ces organes rudimentaires.

Sans doute nous mettrons le berceau dans une chambre bien éclairée, ensoleillée même, mais nous protégerons les faibles regards du nouveau-né au moyen des rideaux qui entourent sa couchette, afin que la trop vive lumière ne les fatigue pas. Aux attentions délicates il faut joindre des soins intelligents : se rendre bien compte de l'état des yeux, les laver tous les jours, avec un tampon de coton hydrophile trempé dans de l'eau boriquée tiède ; et si la moindre rougeur, le moindre écoulement se produit, en aviser immédiatement le médecin, car *l'ophtalmie purulente* guette les pauvres petits et l'on ne saurait croire combien d'enfants perdent la vue pour avoir été négligés, or, connaissez-vous une condition plus malheureuse que celle d'aveugle? De même pour les oreilles, voyez bien si elles ne coulent pas, si les petits bonnets ou les oreillers ne sont pas tachés ; un petit enfant qui devient sourd, devient sourd-muet.

Je vous disais que *la peau* de l'enfant ne fonctionne pas encore normalement, c'est là une des raisons qui nous obligent à éviter les brusques changements de température au nouveau-né ; de plus, comme sa surface de refroidissement est proportionnellement bien plus grande que celle d'un adulte et qu'il ne peut encore faire de mouvements il faut le tenir chaudement; on a vu des enfants mourir de froid : leurs jambes durcissent et se raidissent le premier jour, le lendemain c'est le ventre; puis ce sont les bras; enfin le troisième jour les muscles des joues sent pris, l'enfant ne peut plus téter (sclérème). Couvrez donc suffisamment les bébés dans les premiers temps qui suivent la naissance; et pendant tout· l'hiver, si l'enfant est né en automne, placez des bouillottes d'eau chaude dans la bercelonnette; mais agissez avec prudence, ne rapprochez pas trop ces bouillottes des membres délicats du petit être, vous pourriez le brûler, le mieux c'est de les mettre entre les deux paillasses. C'est pour cette raison aussi, et pour d'autres encore qu'il faut changer les enfants lorsqu'ils se sont mouillés. Vous savez par propre expérience combien il est désagréable d'avoir du linge mouillé sur la peau et quel refroidissement énorme il en résulte; bien souvent les cris de l'enfant n'ont pas d'autre raison; dès qu'il est bien séché, il se tait. D'ailleurs la peau de l'enfant est si fine que le contact des langes mouillés suffit à l'irriter; parfois même à provoquer de véritables plaies appelées *escarres*, il faut donc la soigner beaucoup. Après chaque excrétion il faut laver à l'eau tiède les parties qui ont été mouillées puis les saupoudrer avec de la poudre de talc ou de la poudre d'amidon; ne jamais employer un lange qui ait déjà servi sans l'avoir au préalable passé à l'eau chaude.

Les bains. Pour la toilette de l'enfant, le moyen le plus sûr et le plus rapide consiste à lui donner un bain. Pendant qu'il s'agite tout heureux et tout aise, on lui lave rapidement la tête, la figure, tous les plis cutanés du corps; mais là encore il faut prendre bien garde à ne pas le refroidir; ne le laisser que trois ou quatre minutes dans son bain; en hiver, ne le baigner que dans une chambre chaude et en

tout temps le sécher dans des langes ou dans un peignoir chauffé.

Je viens de vous dire qu'il faut laver la tête du nourrisson, et cela peut vous étonner. N'avez-vous pas
entendu des femmes ayant eu trois, quatre enfants ou
davantage vous affirmer que les croûtes sont la santé
des enfants? Avez-vous cru ce que disaient ces commères? Je pense que non! Les croûtes qu'on voit sur
la tête des enfants sont des indices de malpropreté;
voilà tout. Vous en auriez sans doute de semblables sur
la figure si vous ne vous laviez pas; elles prouvent simplement que l'on a devant soi des enfants mal tenus, et
les on-dit des mères de famille ne sont que de mauvaises
excuses inventées pour cacher une négligence blâmable. N'ai-je pas entendu un jour une femme qui soute-
nait fort et ferme que si sa petite fille avait des poux,
c'est parce que la *glande des poux* s"était ouverte sur
sa tête! que c'est de là qu'ils sortaient! Après une
affirmation pareille on peut s'attendre à tout.

L'enfant tout entier doit être lavé proprement et je
ne saurais trop répéter que sa santé dépend de trois
facteurs principaux : *une bonne alimentation, beaucoup
d'air et de lumière, une parfaite propreté.*

La promenade. Dans les premiers jours qui suivent la
naissance, l'enfant, à moins qu'il ne fasse
très chaud, ne sortira pas de l'appartement; au bout de huit ou dix jours cependant et au
moment le plus chaud de la journée, il doit prendre
l'air pendant quelques instants; ce temps de la promenade devra s'étendre de plus en plus, car l'idéal, ce
serait de voir toujours les enfants au grand air. Ainsi
les crèches et toutes les créations hospitalières faites
pour les enfants devraient diriger leur installation de
telle manière que les enfants pussent en quelque sorte

vivre au grand air, et plus le nombre des enfants réunis devient important, plus cela devient une nécessité véritable.

Dans les premiers temps il est bon de porter l'enfant sur les bras parce que, la chaleur de la mère entretient sa propre chaleur; mais au bout de quelque temps, lorsque l'enfant devient lourd, il est mieux dans une

UNE VOITURE D'ENFANT

petite voiture. S'il fait froid on peut poser une bouillotte dans le fond, en l'isolant de l'enfant bien entendu; arrivée dans l'endroit choisi comme but de la promenade, la personne qui promène l'enfant peut se livrer à un travail quelconque.

Comment le bébé apprend à marcher. En général on agit toujours en exagérant : ou bien les mères négligent complètement leurs enfants, ou bien elles les ont toujours sur les genoux, sur les bras et elles sont ainsi immobilisées d'une manière presque complète. Soignez vos enfants, donnez-leur tout ce qui leur est nécessaire, puis replacez-les dans leurs berceaux. Lorsqu'ils commencent à se mouvoir, à se soulever, asseyez-les sur un tapis, mettez des oreillers tout autour d'eux et laissez-les se débrouiller. Je n'ai jamais rien vu de plus ridicule que les mères qui apprennent à leurs enfants à marcher en les tenant sous les bras par de longs rubans, ou en les posant dans des coulisses de bois. Les os des enfants sont mous, ceux des jambes tout comme les autres; en leur faisant supporter trop tôt le poids du corps, ils plient, ils se déforment. Lorsque l'enfant est assez fort pour se soulever il y arrive tout seul; tout d'abord

BÉBÉ JOUANT A QUATRE PATTES SUR LE TAPIS

il se traîne à quatre pattes, puis, un beau jour, ayant rencontré une chaise sur son passage, il se hisse le long de ses pieds; enfin le voilà debout! Il fait le tour de la chaise, puis il se risque, il lâche l'appui et fait un pas tout seul. Voilà l'indication qu'il faut attendre avant de s'occuper de faire marcher nos petits bonshommes; arrivés à cette période les progrès sont rapides et, si vous leur évitez les chutes et si vous ne criez pas chaque fois qu'ils tombent, vous les verrez bientôt déambuler comme de grands personnages.

Le sommeil. L'enfant a besoin de beaucoup de sommeil. Jusqu'à l'âge de deux ans les nuits ne lui suffisent pas, il dort encore le jour; durant les trois premiers mois, on peut même dire que sa vie se passe à dormir, à crier, à téter. Même lorsqu'il est devenu un peu plus âgé, sous aucun prétexte il ne faut le faire veiller; la veillée l'excite et l'empêche de trouver un sommeil réparateur. Donc, avant de coucher les enfants, ne les amusez pas outre mesure, ne les chatouillez pas, ne les faites pas rire, vous leur procureriez ainsi un sommeil agité.

L'enfant d'un an. Règles de vie. Nous avons observé tous les principes indiqués, l'enfant a un an; habitué progressivement à une nourriture mixte, il s'est sevré tout simplement, sans pleurs, sans fatigue. Doit-il maintenant vivre de la vie des grandes personnes? Non, la transition serait trop brusque et fatiguerait ses délicats organes. Il ne tette plus, mais le lait doit encore faire la base de son alimentation; des œufs, de légères panades, de petites soupes, voilà ce qu'il faut pour le nourrir. Surtout, ne lui donnez pas de vin. De l'eau ou du lait, voilà quelles seront ses boissons. Il doit, comme par le passé, plus encore que par le passé, vivre au grand air; tous les deux ou trois jours vous lui donnez encore un bain, vous veillez à ce que ses vêtements soient toujours propres, cela est si nécessaire au bien-être de ces chers petits. Le soir, couchez-les de bonne heure, à six ou sept heures, de façon que vous puissiez ensuite vaquer à vos occupations.

Heureuses sont les mères qui peuvent rester auprès de leurs enfants lorsqu'ils sont tout petits; leur présence a le meilleur effet, tant sur leur santé physique que sur leur avenir moral. Cependant si pour gagner votre pain quotidien, vous étiez dans l'obligation de laisser la maison une partie de la journée, ne confiez pas vos enfants aux *gardeuses*; elles ne les connaissent pas et ne savent ni ce qui leur fait du bien ni ce qui leur fait du mal, elles les confinent dans des chambres sombres et mal aérées et demandent très cher pour mal remplir une mission qui devrait leur paraître sacrée. Avant de partir pour le travail, portez vos enfants à la crèche; presque toutes sont bien aménagées et pour 0 fr.10 par jour on s'occupe des bébés, on les lave, on les nourrit, on les couche; rien n'est gentil comme une pouponnière bien tenue, les enfants y paraissent heureux et bien portants; puis vous les mettrez à l'école maternelle. Bien soignés, n'ayant devant eux aucun mauvais exemple, apprenant même certaines petites choses, vos enfants seront entre de si bonnes mains que vous pourrez accomplir votre travail, sans préoccupation, sinon sans regret.

En rentrant de votre travail vous reprendrez vos petits, vous les ferez souper, et après les avoir lavés soigneusement, vous les coucherez; alors seulement vous ferez souper les grandes personnes, et il devra en être ainsi jusqu'à ce que les enfants aient cinq ou six ans au moins.

Ainsi soigné avec régularité et dans de bonnes conditions d'hygiène, le petit être prospère; il n'est presque jamais malade et à cause de cela il devient fort et robuste.

Développement moral des enfants. Mais ce ne sont pas seulement les soins physiques qui préoccupent les mères, il en est d'autres plus délicats; ce sont ceux qui s'adressent au développement intellectuel et moral de ces jeunes êtres. Quelle lourde et sérieuse tâche pour la mère que de modeler ces cœurs et ces esprits! Quelles réflexions sérieuses, quelles observations profondes il lui faudrait pour en retirer tout ce qui peut s'y trouver à l'état latent! La pauvre

travailleuse aura-t-elle le temps et la science nécessaires pour faire de ses enfants des êtres d'élite? Les
femmes occupant dans la société un rang plus élevé
s'en donneront-elles la peine? Et cependant, c'est souvent de ces premières directions que dépend la vie
tout entière des individus.

Mais, me direz-vous, est-il donc nécessaire d'être savantes et d'avoir beaucoup de temps à nous, c'est-
à-dire d'être riches, pour faire de nos fils des hommes
de bien? Non certes, il vous suffit de leur donner toujours un exemple irréprochable, de leur inculquer
l'amour du travail et le respect d'autrui; en un mot de
leur faire un cœur, une âme, à l'instar de vos cœurs et
de vos âmes. C'est de notre propre perfection que dépend la perfection des petits êtres qui nous environnent.
Combien entendez-vous d'enfants répéter avec une
sorte de fierté : « Je fais comme papa « ou « comme
Pierre », un grand-frère qu'ils admirent. Les parents,
les aînés doivent donc se garder de faire le mal, ils
doivent être d'une sévérité excessive pour ce qui les
concerne eux-mêmes. Quelle honte si un jour ils
retrouvaient dans ces petits l'écho, augmenté peut-
être, de leurs défauts, parfois de leurs vices. — Ainsi
que je vous l'ai dit déjà, le père et la mère doivent se
soutenir mutuellement; lorsque l'un des deux parle,
même s'il a tort, que l'autre approuve; l'enfant est un
observateur clairvoyant, il s'étonnerait d'abord de
constater qu'un des modèles qu'il s'est proposé a pu
faiblir; puis cela diminuerait par contre-coup l'autorité
des deux. Que la mère, les grandes sœurs soient douces
et bonnes pour les tout petits, qu'elles leur inspirent
avant tout de la confiance, mais que leur tendresse ne
dégénère jamais en faiblesse. Peu de défenses, peu
d'ordres, mais que l'on tienne fermement aux lois
promulguées. Il n'est pas facile d'être un éducateur; il
nous faut, pour bien remplir notre devoir, beaucoup
de sagesse, il nous faudrait être la perfection même.

Voilà pourquoi durant toute l'année qui vient de s'écouler, j'ai cherché à vous faire comprendre ce que vous devez devenir pour être un jour dignes de créer une famille; pourquoi j'ai cherché à vous enseigner les moyens qui vous permettront de faire de vos fils des hommes robustes et des vaillants, de vos filles des femmes bien portantes et courageuses. Ce sera grâce à vous aussi que les âmes des uns et des autres sauront s'ouvrir aux peines d'autrui, que leurs mains bienfai santes se tendront vers ceux que la vie aura éprouvés durement, car la force morale n'est-elle pas l'origine même de la pitié ou, pour mieux dire, de la solidarité humaine? Et c'est ainsi peut-être, qu'en accomplissant simplement, sérieusement votre modeste tâche de ménagères, votre tâche sublime de mères de famille, vous aurez contribué à calmer les ressentiments injustes, à réfréner les haines odieuses, à faire une société où régneront la force, la bonté et l'amour.

Résumé.

Les organes de l'enfant sont rudimentaires. C'est des soins de la mère que dépend leur complet développement. — Une bonne alimentation, de l'air et de la lumière, une parfaite propreté, voilà ce qu'il leur faut avant tout. — La nature procède doucement et lentement : faites comme elle, allez par étapes progressives. — L'enfant ne doit pas *apprendre à marcher*, lorsque le moment est venu il commence tout seul à faire les efforts nécessaires.

L'enfant sevré ne doit pas vivre comme la personne adulte, il lui faut encore un régime spécial, tant pour l'alimentation que pour le sommeil.

Si vous vous trouvez dans l'obligation de quitter vos jeunes enfants pour aller à votre travail, confiez-les à une crèche, plus tard à une école maternelle.

Donnez un exemple irréprochable aux enfants : c'est ainsi que vous les rendez bons tout en vous améliorant vous-mêmes.

VINGTIÈME LEÇON PRATIQUE
Préparation du thé et du café. — Les compotes.

PRINCIPAUX USTENSILES DE CUISINE

1. Hachoir. — 2. Casserole. — 3. Sautoir. — 4. Poissonnière. — 5. Moulin à café. — 6. Poche. — 7. Brochette ou ablette. — 8. Pot-au-feu. — 9. Passoire à pieds. — 10. Autre passoire. — 11. Entonnoir. — 12. Râpe. — 13. Plat à œufs. — 14. Cuillère à pot. — 15. Écumoire. — 16. Boule riz. — 17. Panier à salade.

DE LA PRÉPARATION DES ALIMENTS

Pour faire de la bonne cuisine, trois choses sont nécessaires : une propreté exquise, un mode de chauffage pratique, enfin l'emploi de condiments gras de bonne qualité.

I

DU FEU

Nous avons vu (7ᵉ leçon) comment on nettoie la cuisine et les ustensiles de cuisine, nous n'en reparlerons pas. Les modes de chauffage varient suivant les régions. Le feu le plus facile à allumer, c'est le feu *de gaz*, il chauffe immédiatement et ne brûle qu'autant qu'on en a besoin, propriétés qui compensent les inconvénients qu'il présente d'autre part. Pour en dépenser le moins possible, il faut toujours avoir des appareils très propres, déboucher les petites ouvertures par lesquelles passe le gaz au moyen d'une épingle, le faire brûler à *flamme bleue*; puis enfin se rendre bien compte que les conduits en caoutchouc qui l'amènent soient en bon état; la nuit, fermer le compteur.

Plus économique, surtout pour un gros ménage, est le fourneau au charbon de terre; l'eau s'y chauffe pendant que les aliments se préparent (et avec le même combustible); on peut facilement y conserver les mets au chaud; bien plus, en hiver il peut assurer une bonne température à une partie du logement;

par contre, en été, il dégage une chaleur insupportable, surtout dans un petit appartement de la ville. Lui aussi, pour bien fonctionner, doit être très propre. Il faut vider le cendrier tous les matins, le tuyau, les conduites par lesquelles passent la flamme et la fumée au moins une fois par semaine.

Dans nos campagnes, on se sert surtout de la cheminée avec feu de bois et du fourneau « potager » avec carreaux en faïence; composé d'un ou de plusieurs réchauds de fonte enchâssés dans une sorte de bâtisse de briques, ce fourneau brûle du charbon de bois. — Là où il existe une cheminée le charbon de bois est facile à allumer dans l'âtre au moyen de quelques copeaux; mais où elle manque, il faut allumer le charbon dans le réchaud même, au moyen de charbon de boulanger, de papier ou de quelques copeaux et l'on provoque ainsi une fumée désagréable qui ternit toute la vaisselle et salit les murs. Pour y obvier on se sert d'un *ventilateur*, appelé *diable* dans certaines régions; il conduit à l'extérieur ou dans la cheminée les premières fumées que produit l'allumage du charbon. C'est une sorte de grand entonnoir renversé en tôle dont le cône est percé de plusieurs ouvertures dans sa partie inférieure. On le pose sur le fourneau, au-dessus du charbon qu'on vient d'allumer, un courant d'air s'établit par les trous et souffle le feu qui prend très facilement.

II

DES CONDIMENTS GRAS

Préparation du saindoux (graisse).

Pas une ménagère sérieuse ne devrait acheter d'axonge toute préparée; on y mélange tant de

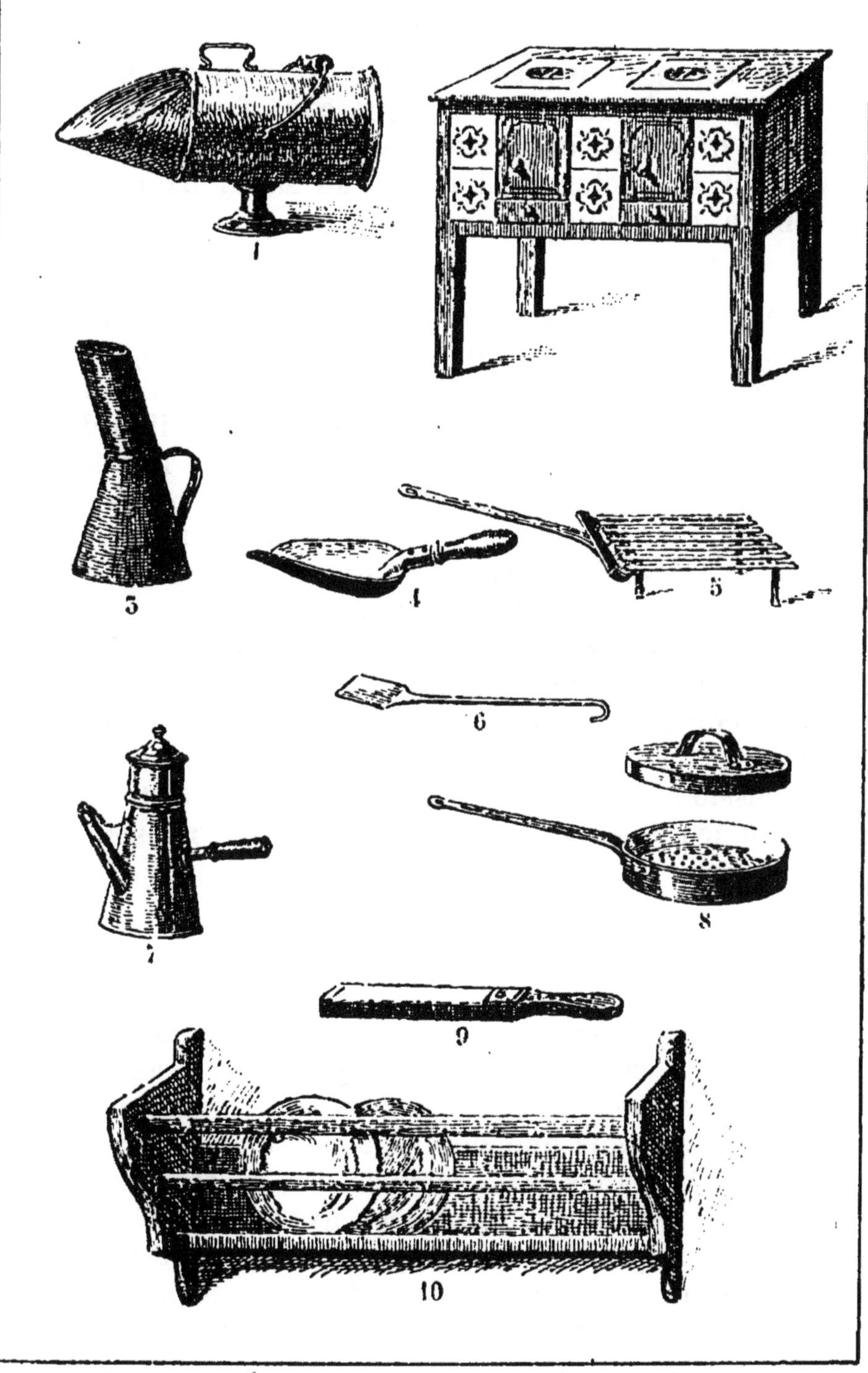

PRINCIPAUX USTENSILES DE CUISINE

. Seau à charbon. — 2. Fourneau potager. — 3. Ventilateur ou diable. —
4. Pelle à charbon. — 5. Gril. — 6. Spatule à friture. — 7. Cafetière. —
8. Poêle à marrons. — 9. Planche à couteaux. — 10. Vaisseller.

matières répugnantes, sans parler de l'eau qui peut y entrer jusqu'à 80 pour 100, que c'est faire métier de dupe que de s'en rendre acquéreur. Il est plus intelligent d'acheter du lard ou du saindoux et de les fondre, ce qui est facile.

En général, on mélange le lard et la graisse qui tapisse l'intérieur des côtes du porc. Cette graisse, appelée *saindoux*, donne moins de déchet que le lard, mais elle se fige moins facilement et en été reste même liquide à la température ordinaire. On coupe le lard et le saindoux en menus morceaux qu'on jette dans un chaudron non étamé, bien propre, et qu'on pose sur un feu doux après avoir ajouté un verre d'eau et une poignée de sel au lard. A mesure que la graisse fond, on la recueille au moyen d'une grande cuillère, et, au travers d'un tamis, on la verse dans des pots de grès. Le reste, ce qu'on nomme les *grattons*, peut se mélanger à des pommes de terre, à des choux, etc. On recouvre les pots d'une vessie et on les met dans un endroit sec et frais où on va les chercher au fur et à mesure des besoins.

Préparation de la graisse de friture.

Mais cette graisse-là revient à 65 ou 70 centimes les 500 grammes; cela est cher, voilà pourquoi beaucoup de ménagères préfèrent acheter des graisses au rabais, de provenance plus que douteuse et qu'on leur vend 40 à 50 centimes les 500 grammes. Or, en sachant s'y prendre, elles pourraient préparer, avec des matériaux de première qualité, des corps gras leur revenant encore moins cher et ne pouvant être suspectés.

Pour cela, il suffit d'acheter chez un boucher de la graisse de bœuf et de la graisse de veau, provenant d'animaux de premier ordre; on peut les mélanger par moitié ou par tiers. Les 500 grammes de graisse de veau coûtent 40 centimes; les 500 grammes de graisse de bœuf, 30 centimes. En achetant

$$4 \text{ k. de graisse de bœuf,}$$
$$\text{c'est-à-dire} \quad 0^{r}30 \times 8 = 2^{r}40$$
$$2 \text{ k. de graisse de veau,}$$
$$\text{c'est-à-dire} \quad 0.40 \times 4 = 1^{r}50$$

On obtient environ 6 k. de graisse pour. . . $4^{r}00$

Ce qui fait le kilogr. $\frac{4^{r}}{6}$ et le demi-kilogr. $\frac{4^{r}}{12} = 33$ centimes.

Même en comptant un certain chiffre pour l'évaporation de l'eau, pour les déchets, notre corps gras ne nous reviendra pas à plus de 36 ou 37 centimes les 500 grammes, et au moins nous saurons ce que nous mangeons. Cette graisse est surtout excellente pour les fritures.

Préparation du beurre fondu.

Dans les pays riches en lait, on fait fondre du beurre au moment où il est le meilleur marché, afin de le conserver pour l'hiver. Il faut placer le beurre sur un feu doux; puis, lorsqu'il est bien clarifié, c'est-à-dire lorsque toutes les impuretés se sont déposées au fond, décanter le liquide, qui se fige en se refroidissant et se conserve longtemps lorsqu'il a été bien préparé.

L'huile d'olive, l'huile d'œillette, etc.

Dans certaines parties de la France, on se sert surtout d'huile pour préparer les aliments; dans nos régions, l'huile est surtout recommandable pour les fritures de poisson et pour l'assaisonnement de la salade.

III

SOUPES ET POTAGES

Il y a deux sortes de soupes : les SOUPES A BASE DE VIANDE et les SOUPES MAIGRES.

Pour préparer les premières, il faut toujours de la viande, des légumes, de l'eau et des condiments; telles sont : le pot-au-feu traditionnel, la soupe aux choux, etc. Pratiquement, c'est un moyen commode de cuisiner dans le même récipient à la fois la soupe, la viande et le légume, à condition, bien entendu, de procéder de façon rationnelle et d'éviter que la viande se transforme en un amas de fibres coriaces, sans goût et sans valeur nutritive.

Les SOUPES MAIGRES se composent toujours de légumes, de saindoux, d'eau, de pain et de condiments. Quelle que soit leur dénomination particulière, on procède toujours de la même manière : on roussit doucement les légumes dans du saindoux, puis on leur ajoute petit à petit la quantité d'eau nécessaire, du sel et du poivre, et au moment de servir, du pain. Quelquefois aussi on relève leur goût avec un peu d'extrait de viande.

Préparation d'un bon pot-au-feu.

Toute ménagère doit savoir préparer un bon bouillon. Dans certaines maladies, c'est à peu près le seul aliment que le médecin permet au malade, et même ordinairement une bonne assiettée de potage fait plaisir et prépare l'estomac à bien digérer. Cela est tellement vrai, que pour certaines personnes qui ont un estomac paresseux, prendre une tasse de bouillon une heure avant le repas, c'est se préparer une bonne digestion; le bouillon est un PEPTOGÈNE[1].

Pour 3 litres d'eau :
    500 gr. de viande et tous les os desquels vous pourrez disposer;
    3 grosses carottes;
    2 poireaux;
    1 navet;
    1 oignon, clous de girofle, poivre et sel.

I. — Mettre au feu 4 heures au moins avant de servir l'eau froide et les os; laisser chauffer tout doucement jusqu'à ébullition et enlever peu à peu l'écume produite par les os.

II. — Puis environ trois heures avant de servir, mettre dans le pot le bouilli et lorsqu'il a été bien écumé ajouter les légumes.

On obtient ainsi un bouillon suffisant et un bouilli contenant encore des principes nourrissants, agréable à manger et en tout cas bien supérieur à celui que l'on aurait eu en introduisant la viande dans le pot au moment même où l'on y versait l'eau froide.

Donc : pour avoir un bon bouilli, mettez la viande dans de l'eau bouillante; au contraire, pour faire un bouillon très fort, ce qui n'est guère utile que pour les malades, mettez la viande dans de l'eau froide.

Conservation du bouillon.

Le bouillon aigrit assez vite, surtout en été. La ménagère doit faire son possible pour le soustraire aux causes qui provoquent son altération. Pour cela, il faut :

1° Ne jamais conserver le bouillon que dans des

1. On appelle *peptogènes* les substances qui, en nourrissant les glandes des parois stomacales, préparent une bonne digestion : bouillon, lait, croûte de pain.

pots absolument propres, n'étant pas déjà aigres par eux-mêmes. Pour cela, après avoir bien lavé les récipients, rincez-les avec de l'eau de cristaux (carbonate de soude)..

2° Déposer le bouillon dans un endroit bien frais.

3° Laisser à sa surface la couche de graisse qui l'isole de l'extérieur.

Pot-au-feu sans bœuf.

Il faut bien longtemps (4 à 5 heures) pour obtenir un bon pot-au-feu. Souvent on ne peut disposer d'un temps aussi long; ou bien personne dans la famille n'aime le bouilli; on peut alors recourir à un autre procédé et sans acheter de viande pour le pot-au-feu, rien qu'avec des os, les débris d'un morceau de viande destiné à la broche et des légumes, ou seulement des légumes, faire un excellent bouillon.

Voici comment il faut procéder, une heure suffit pour la préparation tout entière.

Pour six personnes.

Quelques carottes;
quelques navets;
quelques poireaux;
des déchets de viande et des os frais de boucherie (sauf ceux de mouton qui donnent mauvais goût);
un peu de graisse de bœuf;
3 litres d'eau;
2 cuillerées à café d'Extrait de viande Liebig[1].

---

1. L'Extrait de viande Liebig est un pur jus de viande de bœuf parfaitement concentré et dépourvu de graisse; il se conserve indéfiniment si on a le soin de le garder à l'abri de l'humidité et de la trop grande chaleur. Il présente l'avantage de réunir sous un petit volume toutes les propriétés nutritives et condimentaires du bouillon.

On met au feu dans l'eau salée les légumes et les débris de viande, on écume; lorsque les légumes sont cuits, on délaie avec soin l'extrait de viande dans le bouillon; puis on trempe la soupe en versant le bouillon à travers une passoire.

Façon d'employer les restes du bouilli.

LES DÉTERMINATIFS

Comment employer les restes du bouilli d'une façon appétissante et économique? Il existe bien des moyens, en voici un qui est très bon et peu connu :

> Un reste de bouilli;
> 1 ou 2 pommes;
> quelques raisins de Smyrne[1]
> poivre, sel, épices;
> 2 œufs;
> 3 cuillerées de farine;
> un peu de lait.

I. — Hacher le bouilli et les pommes qu'on a d'abord bien pelées, puis mélanger bouilli, pommes, raisins de Smyrne, farine, sel, poivre et œufs. Si la pâte ainsi obtenue n'est pas assez liquide, il est facile d'y ajouter un peu de lait.

II. — Chauffer de la graisse à frire dans une poêle, y plonger cuillerée par cuillerée la pâte préparée plus haut et laisser frire.

Les petits gâteaux ainsi obtenus sont excellents chauds ou froids. Il faut un quart d'heure en tout pour les préparer.

1. Les raisins de Smyrne sont préférables aux autres parce qu'ils n'ont pas de pépins.

Préparation simultanée de la soupe, de la viande et du légume.

SOUPE AUX CHOUX — CHOUX EN LÉGUME SALÉ ET SAUCISSES

Tous les légumes verts sont indigestes si on ne les fait pas cuire longtemps.

Pour deux repas de six personnes.

1 gros chou	0'25
6 litres d'eau.	0'00
1 carotte, 1 oignon.	0'05
quelques pommes de terre	0'20
2 cuillerées de graisse.	0'10
1 cuillerée de farine.	0'03
750 grammes de viande de porc sálée.	1'35
500 grammes de saucisses.	1'00
poivre, sel et épices.	0'02
pain	0'05
TOTAL. . . .	3'05

Ce qui fait par personne et par repas 0 fr. 25.

I. — Mettre l'eau sur le feu et pendant qu'elle chauffe, éplucher choux, carottes, oignons, pommes de terre, les laver ainsi que le salé. Lorsque l'eau est bouillante, y plonger d'abord le chou, la carotte et le salé. On peut, si on est obligé de quitter la maison, ajouter aussi les pommes de terre, autrement il suffit de les ajouter trois quarts d'heure avant de servir. Lorsque le pot entre de nouveau en ébullition, baisser le feu ou le couvrir de cendres et laisser mitonner doucement durant environ deux ou trois heures.

II. — En revenant du travail, faire fondre la graisse dans une casserole, y jeter une cuillerée de farine et l'oignon haché très fin, le faire blondir, puis ajouter les pommes de terre et les choux que l'on a hachés après les avoir égouttés.

III. — Frire les saucisses dans la poêle et ajouter la graisse qu'elles rendent encore aux choux.

IV. — Tremper la soupe avec la moitié du bouillon, (s'il est un peu faible, le corser avec du Liebig), préparer la moitié des choux sur un plat en l'entourant de saucisses.

Le reste du bouillon, le reste des choux et le porc salé formeront le repas du soir ou du lendemain.

Épaule de veau farcie.

6 litres d'eau;
1 kilogramme poitrine de veau;
1 chou;
carottes, navets, oignons;
un peu de jambon;
un peu de mie de pain;
2 œufs;
2 cuillerées de graisse;
1/2 cuillerée à café d'extrait de viande;
poivre, sel, épices.

I. — Farcir la poitrine de veau : pour cela préparer *la farce.* Hacher le jambon, le mêler avec le pain, qui d'abord trempé dans du lait est émietté; puis ajouter quelques échalottes hachées très fin, un ou deux œufs entiers.

II. — Mettre cette farce dans la poitrine, puis la coudre bien soigneusement. Préparer le chou, le laver et le jeter dans l'eau bouillante; lorsque celle-ci a recommencé à bouillir, ajoutez la poitrine.

III. — Faire revenir dans la graisse les navets, les oignons et les carottes et les ajouter au tout avec le Liebig. — Au bout d'une heure et demie à deux heures environ, le repas est préparé.

Potage floconneux.

Quelquefois on a besoin de préparer très rapidement un potage. Voici une bonne formule :

I. — Prendre pour 6 personnes une cuillerée de Liebig, la dissoudre dans trois litres d'eau bouillante.

II. — Délayer et bien battre avec trois cuillerées de semoule deux œufs entiers, les ajouter à la préparation. — Laissez cuire dix minutes et servir.

Les soupes maigres.

Dans un de ses derniers ouvrages, M. de Fleury prétend qu'une des causes de l'apathie morale des Français se trouve dans l'abus de la soupe; c'est grâce à elle aussi, dit-il, « que les Français sont courts et bedonnants » et il part de là pour faire la guerre à la soupe. Il est certain qu'un bon morceau de viande nourrit mieux, mais où se la procurer au même prix que la soupe? De plus, pour les gens qui travaillent manuellement ainsi que nous l'avons vu leçon X[e], il faut des hydrocarbures en grande quantité, c'est précisément là ce que renferment les soupes : de l'eau, du pain et de la graisse.

Soupe à l'oignon pour six personnes.

Prenez pour 3 litres d'eau :

1 gros oignon ou deux petits	0'05
1 cuillerée de bonne graisse.	0'05
1 ou 2 cuillerées de farine.	0'05
poivre, sel, épices.	0'00
du pain	0'05
TOTAL	0'20

Un jaune d'œuf si on le désire pour bonifier.

Non seulement cette soupe ne coûte pas cher, mais encore elle est bien vite préparée, il suffit environ d'une demi-heure de cuisson. Voilà comment on procède :

I. — Couper l'oignon en tranches fines, le jeter dans la graisse chaude, ajouter une ou deux cuillerées de farine, faire dorer le tout très légèrement, enfin verser peu à peu l'eau nécessaire à la préparation de la soupe, saler et poivrer. Faire bouillir à petit feu durant quinze à vingt minutes.

II. — Préparer les tranches de pain dans la soupière, et à travers une passoire (pour arrêter les parcelles d'oignons) versez sur le pain la soupe bouillante.

Pour bonifier ce potage on peut le blanchir avec un jaune d'œuf.

Pour *blanchir* un potage ou une sauce on sépare le blanc du jaune de l'œuf; le jaune d'œuf est mis dans un bol, on le délaie soit avec un peu de lait, avec un peu de soupe ou une cuillerée de sauce; puis on ajoute l'œuf ainsi délayé au potage ou à la sauce en ayant bien soin d'éviter toute ébullition qui ferait tourner l'œuf.

Soupe à la farine pour six personnes.

Cette soupe se prépare presque comme la soupe à l'oignon, quoi qu'il n'y entre pas d'oignon.

3 litres d'eau.	0'00
3 cuillerées de farine	0'05
1 cuillerée de bonne graisse.	0'05
pain	0'05
TOTAL	0'15

Faire chauffer la graisse dans la poêle, puis y jeter la farine, remuer avec une cuillère en bois jusqu'à ce que la farine soit devenue bien rousse, alors délayer peu à peu avec les trois litres d'eau, saler et poivrer. —

Après une demi-heure de cuisson, verser le liquide bouillant sur le pain et servir.

Soupe à la citrouille et aux haricots.

On peut, pour préparer cette soupe, se servir d'un reste de haricots de la veille. — A défaut, en faire bouillir quelques-uns (les mettre au feu dans de l'eau froide).

1/2 d'une petite citrouille	0'10
1 assiettée de haricots bouillis . . .	0'10
1 ou 2 carottes.	0'05
poivre, sel, graisse.	0'05
3 litres d'eau.	0'00
pain	0'05
TOTAL	0'35

I. — Mettre la graisse dans la casserole, lorsqu'elle est chaude, y jeter la citrouille et les carottes coupées en tranches très fines (même un oignon si on l'aime), faire revenir longtemps et doucement, puis, lorsque la citrouille est déjà presque cuite, ajouter l'eau peu à peu.

II. — Au bout d'une demi-heure, passer la soupe en écrasant bien citrouille et carotte, ajouter les haricots à la soupe, faire repartir à ébullition et verser sur le pain coupé en tranches dans la soupière.

Il faut une bonne heure pour que cette soupe soit cuite à point.

Soupe aux légumes ou julienne.

6 ou 8 petites carottes ;
2 ou 3 petits navets ;
quelques petits pois ;
1 ou 2 pommes de terre ;
1 bouquet ;
1 cuillerée de graisse ;
3 litres d'eau.

I. — Émincer les légumes, puis les jeter dans la

graisse chaude et les faire revenir doucement et longuement.

II. — Ajouter petit à petit l'eau du potage, saler et
poivrer, puis servir.

Il faut environ une heure à deux heures de cuisson :
les légumes frais du printemps cuisent plus rapidement
que ceux qu'on se procure en hiver.

Soupe à la tomate.

Quelques tomates ;
quelques pommes de terre (2 ou 3) ;
1 oignon ;
1 cuillerée de graisse ;
3 litres d'eau ;
pain ou vermicelle.

I. — Faire chauffer la graisse, y jeter les tomates
coupées en morceaux, l'oignon coupé, les pommes de
terre également coupées, faire revenir doucement,
ajouter l'eau et laisser mitonner durant une demi-heure
environ.

II. — Passer le bouillon sur le pain coupé dans la
soupière ; ou bien une fois qu'on l'a passé le remettre
au feu et y jeter un peu de vermicelle.

Soupe aux pommes de terre.

La soupe aux pommes de terre se fait de la même manière, sauf qu'on n'y ajoute pas de tomates. — Lorsqu'on a quelques os, quelques débris de viande, il ne
faut pas les jeter mais les ajouter aux soupes maigres,
auxquelles elles donnent bon goût, on peut aussi leur
ajouter un peu de Liebig qu'on délaie au fond de la
soupière avec quelques cuillerées de soupe.

IV

PRÉPARATION DES VIANDES

La viande a une valeur nutritive considérable sous un petit volume; elle se digère plus facilement et plus rapidement que les légumes; elle sert surtout à la reconstitution de la machine animale. Cependant pour qu'elle contienne vraiment tous les principes nourrissants encore faut-il qu'elle soit de bonne qualité; chez les animaux maigres, l'eau peut en grande partie remplacer l'albumine des muscles. Il est donc plus économique d'acheter la chair d'animaux en bon état, quand bien même on la paierait un peu plus cher. Les bas morceaux d'un animal bien soigné valent mieux que les meilleures parties d'un animal maigre.

Viandes rôties.

Les viandes rôties sont faciles à préparer : elles sont très nourrissantes, mais elles sont peut-être moins avantageuses pour les ménages nombreux que les viandes en sauce; il est cependant indispensable de savoir les préparer.

Bifteck.

Pour faire un bon bifteck, il faut prendre une tranche de bœuf d'une épaisseur de deux centimètres à peu près. Bien la battre avec un rouleau de bois, l'enduire d'un peu d'huile d'olive, puis la mettre sur un gril bien chauffé au préalable, la poser sur un feu vif. Dès que le sang paraît à la surface de la viande on tourne la tranche de l'autre côté. Ce n'est qu'au moment de l'enlever du feu qu'on doit la saler et la poivrer. Si on la salait dès l'instant où on la met au feu, comme beaucoup le font, sous l'action du sel tout le suc sortirait de la viande et tomberait dans le feu.

Rôtis de veau, de volaille, de porc, de mouton, de bœuf.

Dans le midi de la France on fait les rôtis à la broche devant un beau feu de bois, ils sont excellents; c'est sans contredit la meilleure manière de les préparer. Dans le nord de la France on met les rôtis au four; ils sont moins succulents, cependant avec quelques précautions on peut éviter de leur faire prendre le goût de viandes lavées qui les caractérise en général. Il suffit pour cela de les poser sur un gril, gril qui s'appuie lui-même sur les bords de la lèchefrite. Les viandes blanches : volailles, veau et surtout le porc ont besoin d'une cuisson de plus longue durée que les viandes noires : bœuf, mouton, etc. On compte en général 30 minutes par livre de viande blanche et seulement 15 minutes par livre de viande noire.

Avant de mettre le rôti au four ou à la broche on l'enduit de bonne graisse et lorsque cette graisse a fondu et s'est égouttée dans la lèchefrite on en arrose de temps en temps le rôti.

LES SAUCES

Nous n'avons pas la prétention de vous apprendre ici à faire toutes les sauces usitées en cuisine, d'autant plus que le nombre en est presque illimité et qu'on en invente tous les jours de nouvelles, mais il faut au moins en connaître les bases.

Les *roux* sont la base d'un très grand nombre de sauces. Il y a deux sortes de roux : le roux *blond* et le *roux brun*. Voici comment on les prépare :

On fait fondre dans une casserole un morceau de beurre ou une cuillerée de graisse, on lui incorpore un peu de farine qu'on laisse cuire en la remuant constamment pour éviter qu'elle n'attache et prenne goût de brûlé. Si on retire la casserole du feu avant que la farine ait pris couleur, on a obtenu un *roux blanc*, si l'on attend qu'elle ait pris une légère teinte on a un *roux blond*, si on la laisse plus longtemps encore jusqu'à ce qu'elle ait une belle couleur foncée, presque chocolat, on a un *roux brun*.

Dans les cuisines très importantes, les chefs ou les cordons bleus ont toujours sous la main des jus, ou fond de sauce qu'ils fabriquent d'avance et qu'ils ajoutent ensuite au roux pour confectionner les sauces dont ils ont besoin.

Cela est absolument inutile dans un ménage ordinaire où on les remplace tout simplement par un peu de bouillon ou à défaut par un peu d'extrait de Liebig qui a l'avantage de se conserver indéfiniment. On le délaie à part dans un peu d'eau chaude et on l'ajoute aux sauces lorsqu'il est complètement fondu ; il ne faut en mettre que de très petites quantités, car c'est un produit très concentré ; en employer trop, c'est s'exposer à préparer des mets ayant un goût amer.

Je vais vous donner exactement la manière de préparer quatre sauces-types, avec lesquelles vous saurez ensuite cuisinier tous les aliments habituellement préparés dans les ménages.

Bœuf à la mode.

(Sauce brune.)

Pour 1 kilogramme de bœuf :

 1/2 litre de vin rouge ;
 1/2 litre de bouillon ou d'eau ;
 1 oignon ;
 2 cuillerées de farine ;
 75 grammes de jambon ;
 2 cuillerées de graisse ;
 quelques champignons ;
 1 bouquet, sel, poivre, épices.

I. — Mettre dans une casserole une cuillerée de graisse et le jambon coupé en menus morceaux, puis ajouter le morceau de bœuf que l'on fait revenir doucement durant une demi-heure environ. Au bout de 20 minutes de cuisson, lui ajouter l'oignon ciselé finement.

II. — D'un autre côté, mettre une cuillerée de graisse dans une poêle, lorsque cette graisse est chaude, y jeter deux cuillerées de farine, les faire roussir fortement en remuant toujours avec une cuillère de bois et en prenant bien garde de ne pas laisser brûler; puis ajouter peu à peu d'abord l'eau, puis le vin. Lorsque le tout entre en ébullition, le verser sur le bœuf, ajouter les champignons, le bouquet; laisser mitonner doucement durant trois heures environ.

Nota. — Lorsqu'on emploie de l'eau au lieu de bouillon, on finit la sauce en y incorporant une demi-cuillerée à café de Liebig, un bon morceau de jarret de veau ajouté à la sauce donne aussi d'excellents résultats.

On prépare de la même manière : un *civet de lièvre*, un *civet de lapin*, etc. Seulement, la préparation du lapin n'exige guère qu'une heure.

Veau en blanquette.

(Sauce poulette.)

Pour 1 kilogramme de veau :

    1 verre de vin blanc;
    1 verre d'eau;
    2 cuillerées de farine;
    1 cuillerée de graisse;
    1 oignon;
    1 bouquet, sel, poivre, épices.

I. — Couper la viande en morceaux formant à peu près la moitié de la part de chacun, les jeter dans la graisse chaude, puis les laisser revenir environ 15 minutes.

II. — Ajouter l'oignon finement ciselé, le faire revenir un instant.

III. — Saupoudrer la viande avec la farine, puis ajouter d'abord l'eau, le vin blanc, ensuite le bouquet, poivre, sel, épices, des champignons si on les aime.

IV. — Couvrir la casserole et laisser bouillir doucement durant une demi-heure.

Vous préparerez de la même manière une *volaille en fricassée*, des *pieds de mouton*, etc.

Veau en sauce à la tomate

(Sauce à la tomate.)

Pour 1 kilogramme de veau :

    1 cuillerée de graisse ;
    2 cuillerées de farine ;
    1 oignon ;
    1 cuillerée de tomate concentrée ou 2 tomates fraîches ;
    2 verres d'eau ;
    bouquet, poivre, sel, épices.

La préparation du veau à la tomate varie suivant les saisons, elle est plus simple en hiver parce qu'on se sert de tomate de conserve.

En hiver : Couper le veau en morceaux, les faire revenir dans la graisse ; puis ajouter l'oignon finement coupé, saupoudrer avec la farine, enfin ajouter l'eau, la tomate conservée, le bouquet, du poivre, du sel, des épices. Laisser mitonner doucement durant 30 à 35 minutes. (Un verre de vin blanc peut avec avantage remplacer l'un des verres d'eau.)

En été : La préparation est la même, seulement il faut préparer à part la sauce à la tomate et l'ajouter à la viande lorsqu'elle est revenue.

Préparation d'une sauce à la tomate.

I.— Mettre dans la casserole une bonne cuillerée de graisse, puis lorsqu'elle est chaude ajouter l'oignon et les tomates coupées en morceaux.

II. — Les faire fondre, enfin ajouter 2 cuillerées de farine et puis l'eau. Laisser bouillir cette sauce durant vingt minutes et l'ajouter au veau en la passant à travers une passoire.

Vous préparerez de la même manière *le poulet l'agneau, le lapin*, etc. On peut si on le désire ajouter quelques champignons qui donnent un très bon goût.

Sauce blanche ou béchamel.

1 morceau de beurre;
2 cuillerées de farine;
1 bol de lait ou à défaut l'eau de cuisson,
poivre et sel.

I. — Mettre dans une petite casserole émaillée un morceau de beurre; dès qu'il est fondu, y ajouter deux cuillerées de farine, bien mélanger.

II. — Ajouter peu à peu et en tournant toujours le lait, puis le poivre et le sel. — Lorsqu'on n'a pas de lait on peut le remplacer par l'eau de cuisson du chou-fleur ou des asperges, mais non par celle des artichauts.

LES BRAISÉS

Une excellente manière de préparer les viandes consiste à les faire braiser. Cette méthode est d'autant plus pratique qu'on peut laisser la casserole sur un feu doux sans s'en préoccuper durant plusieurs heures.

Bœuf braisé.

Pour 1 kilogramme de bœuf :

    1 verre de vin blanc;
    1 verre d'eau ou de bouillon;
    1 cuillerée de graisse;
    bouquet, champignons, sel, poivre, épices.

I. — Mettre une cuillerée de graisse dans une cocotte de fonte, lorsqu'elle est chaude ajouter le bœuf, le faire revenir sur toutes ses faces.

II. — Ajouter un peu d'oignon haché finement, puis quand il est roux un peu d'eau, un peu de vin blanc, du poivre, du sel, des épices, des champignons et recouvrir hermétiquement la casserole que l'on place sur un feu doux; de temps à autre ajouter un peu de vin ou un peu d'eau. Il faut environ trois heures de cuisson.

On peut préparer de même l'*épaule de veau*, *l'épaule de mouton*, *le porc*, etc.

V

LE POISSON

Le poisson, très frais est un excellent aliment surtout lorsqu'il est bouilli ou grillé. Une bonne ménagère ne doit jamais acheter du trop petit poisson; il est préférable d'acheter un gros poisson et d'en faire deux repas, et voilà pourquoi : le très jeune poisson ne renferme à peu près que de l'eau, ce n'est que lorsqu'il atteint l'âge de deux ou trois ans qu'il contient vraiment quelques principes nutritifs.

Poisson bouilli.

Pour bouillir du poisson on prépare d'abord un *court-bouillon*.

Mettre dans la casserole de l'eau avec un verre de vinaigre, une branche de thym, du laurier, du cerfeuil, un oignon, poivre et sel. Lorsque le tout est entré en ébullition, y plonger le poisson et dès que l'eau recommence à bouillir, le mettre sur le côté du feu où il « frémira » doucement durant environ vingt minutes. Le servir avec une sauce blanche (page 201) ou avec une vinaigrette.

Seule parmi les poissons *la morue* est plongée dans l'eau froide.

Poisson frit.

On met dans une grande poêle de la graisse de friture ou de l'huile d'olive, lorsqu'elle est bien chaude on y plonge le poisson au préalable bien nettoyé et bien enfariné.

Préparation de la morue.

Faire tremper la morue, durant vingt-quatre heures au moins, dans de l'eau et renouveler cette eau souvent. Elle doit être mise au feu *dans de l'eau froide*; dès qu'elle commence à bouillir il faut la mettre sur le côté du feu et la laisser pocher doucement durant 15 à 20 minutes.

Morue au gratin.

Lorsqu'on a un reste de morue on peut le servir en le mélangeant à une purée de pommes de terre. La morue étant débarrassée de toutes ses arêtes on l'alterne couche par couche avec la purée, et on enfourne le plat (qui doit pouvoir supporter le feu) durant quelques minutes. A défaut de four, se servir du four de campagne ou d'un couvercle de tôle sur lequel vous mettrez des charbons ardents.

La purée de pommes de terre se prépare ainsi : les pommes de terre étant bouillies, on les écrase, on leur mélange du lait et du beurre en laissant la casserole sur le feu jusqu'à ce que le mélange soit bien homogène.

Morue en sauce blanche.

500 grammes de morue;
1 kilogramme de pommes de terre.

I. — Faire bouillir la morue et les pommes de terre dans deux récipients différents.

II. — Enlever les arêtes et la peau de la morue et la couper en morceaux; éplucher les pommes de terre et les couper en quart.

III. — Mettre dans une casserole un morceau de beurre ou deux cuillerées d'huile d'olive, lorsque le corps gras employé est chaud, y jeter morue et pommes de terre, les faire sauter dans la graisse, puis les saupoudrer d'une grosse cuillerée de farine, et couvrir d'eau.

IV. — Saler peu, poivrer et servir au bout de dix minutes d'ébullition.

VI

LES LÉGUMES

Les légumes jouent un rôle très important dans notre alimentation : 1° parce qu'ils nous permettent de la varier; 2° parce qu'ils procurent à notre estomac la sensation agréable de satiété; 3° parce que les acides et les aromes qu'ils renferment activent notre digestion; 4° enfin parce que les parties ligneuses qui s'y trouvent en assez grande quantité servent à ramoner en quelque sorte notre intestin. Ils sont de trois sortes : racines, légumineuses et légumes verts; dans la première catégorie nous placerons la pomme de terre.

La pomme de terre.

La pomme de terre est un légume agréable, mais peu nourrissant; mangée avec de la viande, elle rend de grands services.

Pommes de terre en robe de chambre.

Il faut mettre les pommes de terre dans de l'eau froide; lorsqu'elles bouillent il leur faut encore à peu près une demi-heure de cuisson. Cuites à la vapeur, les pommes de terre sont meilleures et plus appétissantes.

Pommes de terre à la paysanne.

Voici une manière peu connue de préparer les pommes de terre, elle est excellente et ne revient pas cher.

> 1 kg. 500 de pommes de terre;
> 2 cuillerées de graisse ou de beurre;
> poivre et sel.

I. — Peler les pommes de terre et les couper en tranches très minces.

II. — Les jeter dans la graisse très chaude, couvrir hermétiquement la casserole.

III. — Au bout de 15 minutes, remuer les pommes de terre, les saler et les poivrer.

IV. — 15 minutes après, les servir en les renversant sur le plat, de façon à obtenir un gâteau doré et appétissant.

LES RAGOUTS

Veau aux pommes de terre.

750 grammes de veau (épaule par exemple);
750 grammes de pommes de terre;
1 oignon;
1 cuillerée de graisse;
1 verre d'eau, poivre, sel, épices.

I. — Mettre la graisse ou le beurre dans la casserole; lorsqu'elle est chaude, ajouter le veau, le faire dorer sur toutes ses faces.

II. — Ajouter l'oignon ciselé et les pommes de terre coupées en fines lamelles.

III. — Mouiller avec un verre d'eau, couvrir hermétiquement et laisser cuire 30 minutes.

Navarin aux pommes

750 grammes de mouton (épaule ou côtelettes charnues);
750 grammes de pommes de terre;
2 cuillerées de graisse ou de beurre;
1 oignon;
2 cuillerées de farine;
2 verres d'eau, poivre, sel, épices, bouquet.

I. — Faire bien revenir le mouton coupé en morceaux de la grosseur d'un œuf à peu près.

II. — Pendant ce temps, roussir deux cuillerées de farine en procédant comme pour le bœuf à la mode, puis délayer peu à peu cette farine avec l'eau.

III. — Le mouton étant doré, ajouter l'oignon ciselé

et, lorsqu'il est cuit, verser sur le tout la farine roussie délayée avec l'eau; puis du poivre, du sel, des épices, un bouquet et les pommes de terre.

Navets, carottes, salsifis, etc.

Toutes ces racines doivent être cuites longuement.

I. — Les mettre au feu dans de l'eau froide; deux heures de cuisson.

II. — Lorsqu'on veut y mélanger des pommes de terre, n'ajouter celles-ci qu'une demi-heure avant de servir.

III. — Si l'on désire préparer à la fois la viande et le légume, mettre au feu, en même temps que les racines, un morceau de porc frais ou salé, il donne très bon goût au légume. En général l'addition aux plats de légumes d'un peu de Liebig leur donne une saveur et un goût particulièrement agréables.

LES LÉGUMINEUSES

Ce sont les seuls légumes vraiment nourrissants; aussi jouent-ils un grand rôle dans l'alimentation. Les légumineuses sont plus riches en azote que la viande elle-même, seulement ce n'est qu'environ la moitié de la légumine (substance analogue à l'albumine) qui est absorbée. Ce sont les pois, les lentilles, les haricots, les fèves, etc. Lourdes à digérer lorsqu'elles ont leur enveloppes, elles sont bien plus facilement triturées lorsqu'elles en sont dépourvues. C'est pourquoi il faut pour les estomacs délicats recommander les purées.

Préparation des légumineuses.

Toutes les légumineuses, lorsqu'on veut bien les faire cuire, doivent être mises au feu dans de l'eau froide — mises à l'eau chaude elles durcissent. (Il faut

qu'elles baignent largement dans l'eau[1].) Lorsqu'elles
ont bouilli durant un quart d'heure environ, remettez-
les sous le robinet d'eau froide et lavez-les bien complètement, puis couvrez-les d'eau froide. La cuisson
recommencera comme au début et vous obtiendrez ainsi
des légumes plus tendres, meilleurs et plus vite cuits.
On finit en ajoutant, quelques instants avant de servir,
un oignon ciselé fin et roussi dans du beurre ou dans
de la graisse.— On peut ajouter aux pois, lentilles, etc.,
du porc frais ou salé qui, cuit en même temps, devient
excellent et leur communique un goût exquis.

Soupe aux légumineuses.

Lorsqu'on a un reste de pois, de lentilles, de haricots, etc., on en peut faire une soupe. Pour cela on
roussit un oignon dans la graisse ou dans le beurre,
on ajoute le reste de légume et la quantité d'eau suffisante pour un potage, on laisse mitonner durant une
demi-heure, puis on verse le tout sur du pain et l'on
sert.

Purées de légumineuses.

Elles se préparent comme nous venons de l'indiquer
plus haut (préparation des légumineuses), seulement
on passe le légume à travers un tamis ou une passoire, pour le dépouiller des enveloppes; et ce n'est
qu'après cette opération que l'on ajoute le beurre à la
purée.

LE RIZ

Peu employé en France, le riz est cependant un
aliment excellent. Il se prépare de mille manières
différentes comme soupe et comme légume, se digère

---

1. Il est bon aussi de les faire tremper dans de l'eau fraîche 24 heures
avant de s'en servir.

facilement et mélangé à un peu de fromage par exemple, offre un aliment complet. Il y a différentes sortes de riz, le moins cher c'est le riz Pégu, le plus cher le riz Caroline; celui qui conserve le mieux sa forme le riz Calcutta; en tous cas n'achetez jamais de riz jaunâtre, s'il n'est pas transparent il doit tout au moins être bien blanc.

Préparation du riz.

Quelle que soit la préparation que vous désirez faire, lavez d'abord très soigneusement votre riz. Vous le ferez ensuite crever dans de l'eau froide, puis, si vous voulez faire du *riz au lait*, vous y ajouterez du lait et du sucre en quantité suffisante; si vous désirez préparer du *riz au fromage*, vous ajouterez au riz après l'avoir égoutté, de la sauce tomate, du fromage râpé, et vous mettrez au four durant dix minutes. Si c'est un *potage au riz* que vous désirez préparer, vous pouvez, une fois qu'il est crevé, y joindre un bon morceau de beurre, deux litres d'eau et une cuillerée à café de Liebig ou bien la quantité de bouillon nécessaire pour une soupe.

LÉGUMES VERTS

On les mange crus ou cuits.

Crus on en fait des salades assaisonnées à l'huile et au vinaigre; elles sont lourdes à digérer pour les vieillards, les enfants, les convalescents et en général pour tous les êtres qui ont un estomac délicat.

Cuits ils sont excellents, surtout pour les personnes constipées ou ayant des occupations sédentaires, mais à condition d'être *bien* cuits.

Préparation des légumes verts

Épinards, laitues, oseille, choux, etc., se préparent à peu près de la même manière.

I. — Tout d'abord, les échauder, c'est-à-dire les jeter dans l'eau bouillante; lorsqu'ils sont cuits, les faire bien égoutter, puis les hacher finement.

II. — Mettre dans une casserole émaillée une bonne cuillerée de graisse ou de beurre, puis un oignon ciselé fin; le faire blondir; enfin ajouter une cuillerée de farine et la faire revenir.

III. — Ajouter le légume haché, le faire revenir sur un feu doux et, pour finir, lui ajouter un verre de bouillon, ou, pour les épinards et la salade, un verre de lait.

Préparation des choux-fleurs, des asperges, artichauts, etc;

Les choux-fleurs, asperges, etc., ne se préparent pas de même. On les met dans de l'eau froide qu'on porte à ébullition et dans laquelle on les laisse cuire jusqu'à ce qu'ils soient tendres, puis on les égoutte et on les sert avec une sauce blanche, dite béchamel (voir page 201).

Haricots verts

On les fait blanchir et, quand ils sont tendres et égouttés, on les fait sauter dans du beurre chaud; on peut aussi les couvrir d'une béchamel.

VI

LES ŒUFS

Les œufs, surtout les œufs frais, sont une nourriture excellente; mangés avec du pain, ils forment un aliment complet. Il faut les employer aussi frais que possible; cependant, comme ils sont moins chers au printemps et au commencement de l'automne, alors que les poules en pondent davantage à ce moment-là, la ménagère doit à ce moment-là en faire provision pour l'hiver.

Conservation des œufs.

On les conserve dans l'eau de chaux, ou, ce qui est un moyen plus certain et donnant de meilleurs résultats, en les enduisant d'une légère couche de silicate de soude fluide. Ce procédé donne 99 pour 100, tandis que les conserves à l'eau de chaux ne donnent que 80 pour 100.

Œufs à la coque.

Des œufs pondus du jour, en tous cas aussi frais que possible. Placer les œufs dans une passoire et plonger cette passoire dans une casserole contenant de l'eau bouillante et propre. Couvrir et retirer du feu. Cinq minutes après, les œufs sont à point.

Une autre manière consiste à mettre les œufs dans l'eau froide et à les retirer au moment où l'ébullition va commencer (97°).

Œufs durs.

Poser les œufs dans une casserole d'eau froide et propre, porter l'eau à ébullition et laisser bouillir huit à dix minutes.

La coquille de l'œuf étant poreuse, il ne faut employer pour préparer des œufs à la coque ou des œufs durs que de l'eau absolument propre.

Œufs sur le plat.

Faire fondre du beurre dans un plat allant au feu, casser les œufs un à un dans un bol et les verser au fur et à mesure dans le plat, saler et poivrer.

Le plus pratique, c'est d'avoir un petit plat par personne.

Omelette au naturel.

Dans une poêle, faire fondre un bon morceau de

beurre, pendant qu'il chauffe, casser les œufs dans une terrine, les saler, les fouetter avec une fourchette, puis les verser dans la poêle, les remuer avec la fourchette afin d'éviter qu'ils n'attachent; au bout de quelques secondes, replier l'un des bords de l'omelette et la faire glisser sur le plat de service.

L'omelette se prête à toutes sortes de combinaisons : en mêlant aux œufs quelques fines herbes hachées menu, on fait une *omelette aux fines herbes*: en faisant au préalable frire quelques pommes de terre et en y ajoutant les œufs, on fait une *omelette aux pommes de terre*; en découpant un peu de jambon en fines tranches, en le faisant revenir dans la poêle et en ajoutant des œufs, on fait une *omelette au jambon*, etc.

Omelette économique.

2 œufs;
4 cuillerées de farine;
1 verre de lait;
1 cuillerée de beurre ou de graisse.

I. — Délayer la farine avec le lait, puis ajouter les deux jaunes d'œufs, enfin les deux blancs battus en neige; lorsque l'on est pressé, ajouter simplement les œufs entiers.

II. — Verser l'appareil dans le beurre chaud, poser la poêle sur un feu doux et, lorsque l'omelette est dorée d'un côté, la retourner de l'autre, en la faissnt sauter.

Omelette aux fruits.

En ajoutant à cette pâte quelques minces tranches de pommes ou quelques cerises sans leurs noyaux, un peu de rhum et un peu de sucre, on obtient un excellent et peu coûteux dessert.

VIII

LES ENTREMETS

Une bonne ménagère doit de temps à autre savoir préparer une petite surprise aux siens : plat sucré qui en leur faisant plaisir à tous, les groupera peut-être un peu plus étroitement autour du foyer. Ce sont surtout les œufs et le lait qui entrent dans ces préparations.

Gâteau de riz.

Un reste de riz au lait; ajoutez deux œufs, un peu de lait, beurrez un plat allant au four, versez dedans le mélange et enfournez durant un quart d'heure; à défaut du four faites cuire au bain-marie durant une demi-heure, ou faites frire comme une omelette. Servez dans le plat :

Un reste de riz au lait	0'00
2 œufs	0'20
un peu de lait	0'10
beurre	0'05
Total	0'35

Œufs aux lait.

Mélangez bien :

1 litre de lait sucré, parfumé et tiède.	0'50
5 œufs	0'50
du sucre.	0'10
Total	0'70

Versez le mélange dans un plat bien beurré et enfournez durant 20 minutes, ou faites cuire au bain-marie 50 minutes.

Crème à la vanille.

1 litre de lait.	0'30
2 œufs entiers	0'20
vanille et 10 morceaux de sucre . . .	0'15
TOTAL	0'65

Habituellement, on ne se sert que des jaunes d'œufs; en gens économes nous emploierons aussi les blancs. Lorsque le lait bien vanillé et bien sucré entre en ébullition, on l'enlève du feu et on le laisse refroidir durant une demi-heure, puis on verse peu à peu quelques cuillerées sur les jaunes pour les bien délayer, on ajoute le tout au lait; ensuite on bat les blancs en neige, on les délaie également et petit à petit avec une partie du lait chaud, puis on les ajoute à la masse que l'on pose sur un feu doux, et l'on tourne constamment jusqu'au moment où l'ébullition va se produire.

Même les restes de pain peuvent servir à préparer de très bonnes choses.

Mendiants.

Un reste de pain.	0'00
1/2 litre de lait.	0'15
8 morceaux de sucre et un peu de beurre.	0'10
1 œuf ou 2.	0'10 ou 0'20
2 ou 3 pommes	0'10
TOTAL	0'45 ou 0'55

Faire tremper le pain émietté dans le lait, puis bien lui mélanger le sucre et l'œuf. Éplucher les pommes (on peut aussi se servir de cerises ou de raisins suivant la saison). Dans un plat allant au four et bien beurré

établir une couche de pain, puis une couche de
pommes, encore une couche de pain, saupoudrer de
sucre et enfourner durant 20 à 25 minutes.

Beignets marguerite.

Un reste de pain.	0'00
1/2 litre de lait.	0'15
2 œufs.	0'20
2 cuillerées de farine, rhum, fleur	
d'oranger, un peu de sucre	0'10
TOTAL	0'45

Suffisant pour deux desserts.

Bien faire tremper le pain dans le lait, lui mélanger
la farine, les parfums, très peu de sucre et les œufs.
Faire chauffer de la graisse de friture, y plonger cuillerée par cuillerée de cette préparation, lorsque les
beignets sont bien dorés, les égoutter et les saupoudrer
de sucre. Sans sucre et sans parfum ils peuvent tenir
lieu de légume.

———

IX

LES FRUITS

*Les fruits jouent à peu près, dans l'alimentation
humaine, le même rôle que les légumes.*

Avec les fruits on peut préparer d'excellentes compotes, appétissantes et saines aux estomacs délicats.
Les fruits de qualité médiocre gagnent beaucoup à
être cuits, surtout s'ils ne sont pas parfaitement
mûrs.

Compote de pommes.

12 pommes.	0'40
1 verre d'eau.	0'00
1/2 verre de vin blanc.	0'05
canelle et 12 morceaux de sucre. . .	0'10
TOTAL	0'55

Suffisant pour deux desserts de six personnes.

On met toutes ces substances au feu en même temps, bien entendu après avoir pelé les pommes proprement et les avoir coupées en tranches; on couvre hermétiquement la casserole. Au bout de 15 à 20 minutes, les pommes sont cuites. Si la compote doit être bien parfumée, nouer les pépins et les peaux dans une mousseline bien propre et les faire bouillir avec le reste.

Même genre de préparation pour les *prunes sèches* qu'on lave avant de les employer.

Compote de cerises, de fraises, de groseilles, etc.

Enlever les queues et les noyaux des fruits.

Pour 1 livre de fruits :

    1/2 livre de sucre;
    1/2 verre d'eau.

On met le sucre au feu avec l'eau, lorsqu'il entre en ébullition on ajoute les fruits et on laisse cuire le tout durant 15 minutes environ. Ces compotes ne se conservent pas, bien entendu, mais elles sont précieuses, surtout pour les jeunes enfants, les vieillards et les convalescents.

X

PRÉPARATION DE QUELQUES BOISSONS TONIFIANTES

Le café.

Pour faire une bonne tasse de café il faut environ 10 grammes de café en grains.

Après avoir moulu le café, on le met dans la partie supérieure du filtre et l'on verse l'eau bouillante par dessus, puis on couvre toute la machine.

FILTRE A CAFÉ

Dans beaucoup de ménages, on ajoute au café de la chicorée. Dans ce cas, on fait au préalable bouillir la chicorée dans l'eau qui doit servir à préparer le café. Il faut toujours verser l'eau *très bouillante* sur le café.

Le thé.

Passer de l'eau chaude dans la théière, verser cette eau, puis mettre à sa place une demi-cuillerée à café de thé par tasse, verser dessus la quantité d'eau *bouillante* nécessaire. Ici encore, que l'eau soit *bien bouillante*. Avant de servir, laisser infuser cinq minutes.

Le chocolat.

Une bille de chocolat (8 à la plaque de 250 grammes) pour un bol de lait.

On casse le chocolat en morceaux, que l'on met dans une casserole sur le feu avec un peu de lait, et on ajoute le restant du lait peu à peu. Plus vous irez doucement au début, plus vite votre chocolat sera préparé. Il ne faut pas faire mitonner le chocolat durant plus de 15 minutes, passé ce délai il perd une partie de ses qualités essentielles.

XI

NOS BOISSONS

Nos boissons habituelles en France sont l'eau, le lait et le vin.

L'eau.

Avant l'âge de dix à douze ans, l'enfant ne doit boire que de l'eau et du lait, il ne faut pas lui donner de vin, il est trop excitant pour son jeune système nerveux. C'est pourquoi il faut absolument posséder de l'eau de bonne qualité. Une eau fraîche et pure est une boisson délicieuse, une eau souillée peut propager les maladies les plus terribles, telles que la fièvre typhoïde et la fièvre scarlatine.

FILTRE A EAU

La meilleure eau est celle qui vient des sources captées non loin de l'endroit où elles jaillissent du sol. Dans les pays où l'eau n'est pas bonne, on la filtre[1]. Les filtres diffèrent les uns des autres, ils sont à base de charbon pulvérisé, ou bien ils laissent passer l'eau à travers

1. On peut aussi épurer l'eau en lui ajoutant 25 à 50 centigrammes d'alun par litre ou mieux encore 25 à 50 centigrammes d'alun et 10 à 15 centigrammes de carbonate de soude. Ces corps se déposent peu à peu au fond du récipient entraînant avec eux toutes les impuretés. Avec la première préparation on peut s'en servir au bout de 24 heures, avec la seconde au bout de 12 heures.

des tubes de terre poreuse appelés « bougies ». Quel que soit le système que vous employez, nettoyez, stérilisez de temps à autre le filtre et ses accessoires. Peu à peu, il s'imprègne de microorganismes, et il arrive un moment où, si on ne le tient pas dans un état de propreté parfaite, l'eau, qui le traverse est plus souillée que celle qui y entre : but opposé à celui que nous voulons atteindre.

Pour savoir si une eau est *pure*, l'épreuve la plus simple est celle de l'*altérabilité*. On met de l'eau dans un vase que l'on bouche hermétiquement : si elle est pure elle se conserve durant longtemps sans se modifier, si elle est impure elle se putréfie et répand une odeur insupportable.

Lorsqu'une épidémie sévit dans la région, il ne suffit pas de boire de l'eau filtrée, il faut boire de l'eau filtrée et *bouillie*. En été, les enfants boivent beaucoup, la ménagère fera bien de faire bouillir leur eau et pour qu'elle n'ait pas le goût fade qui caractérise l'eau bouillie, d'y infuser quelques feuilles d'oranger ou un peu de thé. L'infusion préparée, on la filtre dans un récipient qu'on met dans un endroit frais que les enfants connaissent et où ils iront la chercher. On peut ajouter un peu de sucre à cette boisson qui ne revient pas cher et que le petit monde estime beaucoup.

L'*eau de pluie* est excellente pour les savonnages, pour cuire les aliments, mais il faut s'en méfier comme boisson, elle est souvent chargée d'une manière extraordinaire de débris organiques et autres.

Les *eaux gazeuses* naturelles sont employées en médecine pour combattre toutes sortes de maladies. Il ne faut pas abuser des eaux gazeuses, qu'elles soient naturelles ou artificielles, elles provoquent la paresse de l'estomac et quelquefois donnent lieu à des dilatations.

Le lait.

Le lait est la première boisson de l'homme, et pendant de longues années il doit faire la base de l'alimentation de l'enfant.

Il ne faut jamais boire de lait sans l'avoir fait bouillir et l'avoir fait bouillir suffisamment longtemps, de 50 à 40 minutes. Pour ne pas avoir à le surveiller durant tout ce temps on le fait cuire dans un *garde-lait*. C'est un pot en émail recouvert d'un couvercle percé au centre d'un large orifice et sur la périphérie de sept petites ouvertures. Le lait monte, s'épanche par l'ouverture centrale et coule de nouveau dans le pot par les petites ouvertures latérales.

C'est un préjugé que de s'imaginer qu'un enfant ne doit boire que le lait de la même vache; il vaut mieux, pour lui, au contraire, que le lait soit mélangé, de cette manière si l'une des vaches est malade, l'enfant en subit moins le contre-coup.

Ce qui importe surtout, c'est que le lait vienne de vaches bien portantes, qu'il soit pur, frais, recueilli dans des récipients propres et qu'on le stérilise bien, comme nous l'avons indiqué page 105.

Le vin.

Le vin est une des richesses de notre pays. Bu avec modération, c'est une boisson excellente qui ne peut que rendre des services à l'ouvrier qui travaille rudement. Un demi-litre de vin par jour, voilà quelle devrait être sa ration. C'est parce qu'on en a abusé, parce que nous ne savons nous modérer en rien, que le vin a souvent été compris dans la campagne anti-alcoolique actuelle. Les femmes doivent boire très peu de vin et les enfants ne doivent pas en boire du tout.

Le vin en aigrissant donne le *vinaigre*. Dans les pays où l'on boit couramment du vin, la ménagère ne doit jamais acheter de vinaigre; dans un petit baril ou dans une cruche elle verse tous les fonds de bouteilles, les ensemence avec un peu de *mère de vinaigre* (mycoderma aceti[1]) et au bout de quelques jours peut se servir d'un vinaigre excellent. Si elle a le soin de poser la cruche dans un endroit assez chaud, d'ajouter toujours au vinaigre existant, les fonds de barriques ou les fonds de bouteilles, sa provision ne s'épuisera pas.

C'est ainsi qu'en étant active et laborieuse et *en sachant*, la ménagère tire parti même de choses qui paraîtraient insignifiantes aux maladroites et aux ignorantes.

---

1. Le mycoderma aceti est un infiniment petit qui, disposé en étoiles formant des sortes de chapelets, oxyde l'alcool du vin pour le transformer en acide acétique. Toutes les personnes qui font leur vinaigre elles-mêmes vous donneront avec plaisir un peu de mère de vinaigre, sorte de peau molle et grise qui flotte à sa surface et qui est formée par le mycoderma.

PROGRAMMES

DE L'ÉCOLE LIBRE ET GRATUITE

D'ÉCONOMIE DOMESTIQUE ET D'HYGIÈNE

LEÇONS	PARTIE THÉORIQUE	PARTIE PRATIQUE
1re Leçon, page 1.	Introduction au Cours d'Économie domestique et d'Hygiène.	Préparation du pot-au-feu. Conservation du bouillon. Les déterminatifs.
2e Leçon, page 11.	Qualités fondamentales de la ménagère. — 1° *De l'ordre.* — L'ordre matériel. — Chaque chose à sa place. — Chaque chose en son temps. — De la valeur et du respect du temps.	Préparation des condiments gras. Graisse de porc, graisse de friture, beurre fondu.
3e Leçon, page 19.	L'ordre dans la dépense : le budget. — Établissement de quelques budgets.	Soupe à l'oignon. Omelette économique.
4e Leçon, page 26.	Les livres de la ménagère. — 1° Le livre de comptes. — 2° Le livre de la blanchisseuse. — 3° Un carnet de divers. — 4° Le livre d'inventaire. — 5° Le livre de factures.	Soupe à la citrouille et aux haricots. Préparation du chocolat.
5e Leçon, page 31.	2° De l'ordre moral : Chacun à sa place, respect à l'autorité. — Le respect de l'individualité de tous. 3° De l'ordre intellectuel : l'activité et la pondération. Développement de toutes les facultés. — Activité constante et mesurée.	Soupe aux légumes (julienne). — Les rôtis.

LEÇONS	PARTIE THÉORIQUE	PARTIE PRATIQUE
6e Leçon, page 43.	*La propreté :* La propreté autour de nous : les planchers. — Les parois. — L'air ambiant.	Épaule de veau farcie. — Préparation simultanée du potage, de la viande et du légume.
7e Leçon, page 51.	De la propreté (suite). Entretien des meubles et de la literie. — Entretien de la cuisine et des ustensiles de cuisine.	Soupe aux choux. — Préparation du légume, du salé et des saucisses.
8e Leçon, page 61.	De la propreté (suite). — Propreté autour de nous. — Nettoyage des vêtements de laine et du linge. — La lessive.	Les roux. — Soupe à la farine. —Bœuf à la mode. —Crème à la vanille.
9e Leçon, page 68.	De la propreté (suite). — Propreté corporelle. — Lavages. — Soins de la peau. — Soins aux dents, à la chevelure, aux ongles. — Les bains comme moyen d'entretenir la propreté et comme système d'endurcissement.	Veau en sauce à la tomate. — Veau dans son jus.
10e Leçon, page 77.	*Comment nous devons nous nourrir.* — La ration alimentaire ; modifications apportées par la nature des aliments ; les individus, le milieu.	Veau en blanquette. — Riz au lait.
11e Leçon, page 89.	Comment nous devons nous nourrir (suite). — Les provisions alimentaires. — Rôle de la ménagère.	Les viandes grillées. —Pommes de terre frites.
12e Leçon, page 97.	*Comment nous devons nous vêtir.* — Le linge.—Les vêtements et les mites. — De la mode. — Le corset. — La chaussure.	Bœuf braisé. — Emploi des restes de pains : beignets marguerite.
13e Leçon, page 109.	*Comment nous devons nous loger.* — L'exposition. — Les parois. — La lumière directe et la lumière réfléchie.	Préparation des légumineux. — Gâteau de semoule.

LEÇONS	PARTIE THÉORIQUE	PARTIE PRATIQUE
14ᵉ Leçon, page 113.	Comment nous devons nous loger (suite). — Ventilation. — Causes qui vicient l'air de l'habitation.	Morue en sauce blanche.—Pommes de terre en robe de chambre.
15ᵉ Leçon, page 121.	Comment nous devons nous loger (suite). — L'éclairage. — Le chauffage. — Poêles et cheminées. — Le loyer.	Le poisson frit. — Pommes de terre à la paysanne. — Œufs au lait.
16ᵉ Leçon, page 133.	*Comment nous devons soigner nos malades.* — Le milieu, le malade, les médicaments.	Cataplasmes.—Compresses. — Tisanes.
17ᵉ Leçon, page 141.	Comment nous devons soigner nos malades (suite). — Syncope. — Congestion. — Hémorragie. — Brûlures. — Asphyxie. — Composition de la pharmacie de la ménagère. — Ce qu'on entend par mains propres.	Quelques pansements très simples.
18ᵉ Leçon, page 149.	*Soins aux tout petits.* — Le milieu, la bercelonnette et la layette.	Emmaillotement de quelques grosses poupées. — Arrangement d'une bercelonnette.
19ᵉ Leçon, page 161.	Soins aux tout petits (suite). — Soins physiques : De la nutrition.	Stérilisation du lait. — Préparation de quelques bouillies.
20ᵉ Leçon, page 170.	Soins aux tout petits (suite). — Soins physiques (suite) : la vue, l'ouïe, la peau, les os et la marche, la promenade, le sommeil. — L'enfant de un an, règles de vie. — Développement moral.	Préparation du thé et du café — Les compotes.

TABLE DES MATIÈRES

—

DEUXIÈME PARTIE

COMMENT NOUS DEVONS NOUS NOURRIR

CINQUIÈME PARTIE
COMMENT NOUS DEVONS SOIGNER NOS MALADES

SIXIÈME PARTIE
SOINS AUX TOUT PETITS

APPENDICE

PRÉPARATION DES ALIMENTS

www.ingramcontent.com/pod-product-compliance
Lightning Source LLC
Chambersburg PA
CBHW071718130725
29531CB00035B/1578